Andrea Hausmann · Olivia Braun

Recruiting in Kulturbetrieben – Leitfaden für die erfolgreiche Personalgewinnung

Praxis Kulturmanagement

 Springer VS

Andrea Hausmann
Institut für Kulturmanagement
Pädagogische Hochschule Ludwigsburg
Ludwigsburg, Deutschland

Olivia Braun
Landesmuseum Württemberg
Stuttgart, Deutschland

ISSN 2197-6708   ISSN 2197-6716 (electronic)
essentials
ISBN 978-3-658-35418-3   ISBN 978-3-658-35419-0 (eBook)
https://doi.org/10.1007/978-3-658-35419-0

Die Deutsche Nationalbibliothek verzeichnet diese Publikation in der Deutschen Nationalbibliografie; detaillierte bibliografische Daten sind im Internet über http://dnb.d-nb.de abrufbar.

Planung/Lektorat: Cori Antonia Mackrodt
Springer VS ist ein Imprint der eingetragenen Gesellschaft Springer Fachmedien Wiesbaden GmbH und ist ein Teil von Springer Nature.
Die Anschrift der Gesellschaft ist: Abraham-Lincoln-Str. 46, 65189 Wiesbaden, Germany

Was Sie in diesem *essential* finden können

- Einführung in den Begriff und die Besonderheiten in Kulturbetrieben
- Überblick über Recruitingprozesse und prägnante Darstellung der einzelnen Prozessphasen
- Praxisorientierte und kenntnisreiche Beschreibung ausgewählter Instrumente des internen und externen Recruitings (inklusive konkreter Empfehlungen und Gestaltungsleitfäden)
- Ausführliche Beschreibung des Nutzens und ausgewählter Kanäle des E-Recruitings
- Überblick über das Bewerbermanagement
- Fundierte Hinweise zur Gestaltung der Candidate Journey

Inhaltsverzeichnis

Begriffsklärung und Besonderheiten im Kulturbetrieb

1

Das Recruiting ist neben der Personalführung eines der wichtigsten personalpolitischen Handlungsfelder: Nur wenn qualifizierte Mitarbeiter/innen in ausreichender Zahl zur Verfügung stehen, können im Kulturbetrieb Leistungen erbracht, Aufgaben erfüllt und Ziele erreicht werden. Die Begriffe, die in Theorie und Praxis für die systematische Ausstattung einer Institution mit ausreichend qualifiziertem Personal verwendet werden, unterscheiden sich mitunter sehr voneinander. Lange war – besonders im Kulturbereich – der Begriff *Personalbeschaffung* der geläufigste. Angesichts der Veränderungen auf dem Arbeitsmarkt scheint dieser Begriff allerdings nicht mehr zeitgemäß. Denn die Entwicklung von einem Arbeitgeber- zu einem Arbeitnehmermarkt (Stichwort „War for Talents") hat dazu geführt, dass es in vielen Kulturbetrieben zunehmend schwieriger wird, vakante Stellen mit passenden Kandidat/innen zu besetzen (Scholz & Scholz, 2019). Aus diesem Grund richten sich die Beschaffungsprozesse zunehmend mehr an den Bedürfnissen und Erwartungen potenzieller Bewerber/innen aus, weshalb ein Teil der Literatur mittlerweile von *Personalgewinnung* spricht.

Im Englischen wird hingegen nicht zwischen Personalbeschaffung und -gewinnung unterschieden – hier fallen alle betrieblichen Aktivitäten, die mit der Deckung eines Personalbedarfs zu tun haben, unter den Begriff *Recruiting*. Dieser Terminus wird auch in diesem *essential* verwendet, da er unserer Meinung nach für ein modernes Verständnis von Beschaffungs- bzw. Gewinnungsprozessen steht und bereits fest im wirtschaftlichen Sprachgebrauch verankert ist.

A. Hausmann und O. Braun, *Recruiting in Kulturbetrieben – Leitfaden für die erfolgreiche Personalgewinnung*, essentials, https://doi.org/10.1007/978-3-658-35419-0_1

Erfolgreiches *Recruiting* umfasst alle Aktivitäten eines Kulturbetriebs, die dazu beitragen, dass dieser zu jedem Zeitpunkt mit ausreichend qualifiziertem Personal ausgestattet ist – auf Führungs- wie auf Mitarbeiterebene, im künstlerischen wie auch im administrativen und technischen Bereich.

Aufgrund der hohen Bedeutung des Personals für die erfolgreiche Arbeit von Kulturbetrieben ist das Recruiting einer der bedeutsamsten Aufgabenbereiche innerhalb des Personal- und Kulturmanagements: Kulturbetriebe, wie z. B. Theater, Orchester, Museen oder Bibliotheken, sind sehr personalintensiv und die Mitarbeitenden sind in der Regel direkt an der Leistungserstellung beteiligt. Somit sind Kulturbetriebe – wie andere Organisationen mit einem hohen Anteil an Dienstleistungen auch – in besonderem Maße auf eine ausreichende Qualität und Quantität engagierter Mitarbeiter/innen angewiesen.

Mit Blick auf die Anwendung betriebswirtschaftlicher Instrumente lässt sich festhalten, dass Kulturbetriebe einerseits Arbeitgeber wie andere Organisationen auch sind. Typische personalpolitische Instrumente, die auch im Rahmen dieses *essentials* beschrieben werden, finden damit ganz selbstverständlich Anwendung. Andererseits verfügen Kulturbetriebe über charakteristische Merkmale und Besonderheiten, die Einfluss auf das Recruiting nehmen und die daher nachfolgend kursorisch beschrieben werden.

Notwendigkeit zur Einbindung des Trägers und interner Gremien
Kulturbetriebe in Deutschland lassen sich in drei Typen einteilen: Öffentlich-rechtliche, privatrechtlich-gemeinnützige und privatrechtlich-kommerzielle Betriebe. Diese unterscheiden sich in ordnungs- und steuerrechtlicher Hinsicht wie auch aufgrund ihrer Trägerschaft, ihrer Zielsetzung und ihrer Finanzierung. Privatrechtlich-kommerzielle Kulturbetriebe befinden sich z. B. typischerweise in der Hand einzelner oder mehreren Privatpersonen, finanzieren sich aus eigenerwirtschafteten Mitteln und agieren mit dem Ziel, den Betrieb durch das Erzielen von Gewinnen langfristig am Markt zu sichern. Öffentlich-rechtliche Kulturbetriebe befinden sich hingegen in der Trägerschaft der öffentlichen Hand (Kommune, Land und/oder Bund) und werden von diesen finanziert – ihre Zielsetzung ergibt sich dementsprechend aus kulturpolitischen Vorgaben (weiterführend hierzu Hausmann, 2019).

Je nach Betriebstyp ergeben sich maßgebliche Unterschiede in Bezug auf das Recruiting. Besonders für *öffentliche Kulturbetriebe* gelten einige (rechtliche) Spezifika, die sich aus Tarifverträgen (z. B. Tarifvertrag für den öffentlichen

Dienst bzw. TV-L oder TV-ÖD) oder anderen Gesetzestexten (z. B. Allgemeines Gleichstellungsgesetz oder Sozialgesetzbuch) ergeben (Felser, 2014). Im Folgenden sollen einige Beispiele aufgeführt werden:

- Bei der Einstellung sozialversicherungspflichtiger Beschäftigter (z. B. festangestellter Mitarbeiter/innen in Voll- oder Teilzeit) gilt der Grundsatz der *Bestenauslese* (Art. 3 Abs. 2 GG). Demnach muss eine vakante Stelle in öffentlichen Betrieben mit der objektiv bestmöglich geeigneten Person besetzt werden. Voraussetzung dafür sind die im Anforderungsprofil der Stelle festgeschriebenen benötigten Kompetenzen. Auch bei der Erstellung von Anforderungsprofilen für Stellen im öffentlichen Dienst ist Objektivität geboten: Diese dürfen nicht auf die Qualifikationen einer bestimmten Person zugeschnitten sein. Verstößt eine Institution gegen die Grundsätze der Bestenauslese, kann diese Zuwiderhandlung mit einer einstweiligen Verfügung geahndet werden.
- Die Vergütung einer Stelle im öffentlichen Dienst ist tariflich festgelegt und durch eine *Entgeltordnung* geregelt. Dort sind verschiedene Tätigkeiten entsprechenden Entgeltgruppen zugeordnet, aus denen sich wiederum die monatliche Vergütung ergibt. Die beschriebene, tarifliche Regelung der Vergütung hat den Vorteil, dass sie Arbeitnehmer/innen im Kulturbereich von Niedriglöhnen schützt. Andererseits können sich daraus auch Probleme ergeben: Im Vergleich zu (und im Wettbewerb mit) der freien Wirtschaft gibt es beispielsweise große Unterschiede in der Vergütung von Führungs- oder auch IT-Kräften, was deren Gewinnung teilweise erheblich erschwert. Aus diesem Grund müssen Kulturbetriebe des öffentlichen Sektors andere Wege bzw. zusätzliche *Benefits* finden (und im Rahmen ihrer Personalsuche herausstellen), mit denen sie für sich als attraktive Arbeitgeber werben können (z. B. unbefristete Arbeitsverträge, Verbeamtung).
- Öffentliche Arbeitgeber in Deutschland sind qua Sozialgesetzbuch dazu verpflichtet, zur Rehabilitation und Teilhabe von Menschen mit Behinderung beizutragen, sofern es ihnen möglich ist. So ist beispielsweise zu prüfen, ob freie Arbeitsplätze mit schwerbehinderten Menschen besetzt werden können (§ 164 SGB). Ebenso haben öffentliche Betriebe die besondere Pflicht schwerbehinderte Bewerber/innen zu einem Vorstellungsgespräch einzuladen, sofern die fachliche Eignung besteht (§ 165 SGB).
- Öffentliche Kulturbetriebe können auf verschiedene Arten an einen öffentlichen Träger angebunden sein. Werden Institutionen beispielsweise als kommunale Eigenbetriebe geführt, ist es ihnen z. B. möglich, selbstständiger zu handeln, was auch mehr Freiheiten bei der Gestaltung von Recruitingprozesses bedeuten kann (selbstständige Festlegung von Fristen oder Besetzung von

Auswahlkommissionen etc.). Werden Kulturbetriebe hingegen als städtische Ämter geführt, ist es häufig der Fall, dass das Recruiting teilweise oder sogar vollständig vom Personalamt der jeweiligen Kommune übernommen wird – von der Ausschreibung bis zur finalen Auswahl. Im Weiteren gehen wir von Kulturbetrieben aus, die ihren Recruitingprozess weitgehend selbst in die Hand nehmen dürfen. Gleichzeitig ist dieser Leitfaden auch geeignet für Träger von Kultureinrichtungen, die ihre Gewinnungsprozesse professionalisieren wollen.

Personalverwaltung vs. Personalmanagement
Als weitere Besonderheit ist für Kulturbetriebe typisch, dass sie keine oder nur unzureichend besetzte *Personalabteilungen* haben, die ihre Aufgaben zudem eher im Bereich der Personal*verwaltung* sehen – sprich der Ablage/der Führung von Personalakten, Verwaltung von Personaldaten, Entgeltabrechnung und Bearbeitung von Arbeits-/Fehl-/Urlaubszeiten (Frohne & Reinke, 2013; Hausmann et al., 2020; Henze, 2011). Die Überführung personalpolitischer Aktivitäten in ein ganzheitliches Personalmanagement, das die *aktive* Gestaltung und *strategische* Ausrichtung personalpolitischer Prozesse einschließt, scheint v. a. im öffentlichen Kulturbereich (sowohl bei den Kulturbetrieben selbst als auch bei ihren Trägern) oftmals noch nicht möglich oder vielleicht auch noch gar nicht als sinnvolle Option in den Fokus der Aufmerksamkeit gerückt worden zu sein. Das hat zur Folge, dass oftmals eine sehr hohe Anzahl von Personen unterschiedlicher Abteilungen und Funktionen an Recruitingprozessen im Kulturbetrieb beteiligt ist (Hausmann et al., 2020), was die Professionalität, Effizienz und Effektivität der Personalgewinnung deutlich mindern kann.

Heterogenität der Beschäftigten im Kulturbetrieb
Beschäftigte in Kulturbetrieben eint in vielen Fällen ihre hohe fachliche Qualifikation – sei dies im technischen, künstlerischen oder im Managementbereich. Gleichzeitig zeichnet sich das Kulturpersonal durch eine hohe Heterogenität aus, was sich unmittelbar auf Recruitingprozesse auswirkt und deren Komplexität erhöht. Allgemein lässt sich das Personal im Kulturbetrieb in folgende fünf Gruppen einteilen:

1. Künstlerisch tätiges Personal (z. B. Schauspieler/innen, Musiker/innen)
2. Wissenschaftliches Personal (z. B. Kurator/innen, wissenschaftliche Volontär/innen)
3. Technisches Personal (z. B. Bühnentechniker/innen)

4. Administratives Personal (z. B. Geschäftsführung, Marketing)
5. Servicepersonal (z. B. Besucherservice).

Darüber hinaus erhöht sich die Komplexität durch die Vielzahl der vorhandenen Anstellungs- und Arbeitsverhältnisse, wie z. B.

- festangestellte Mitarbeiter/innen in Voll- oder Teilzeit (z. T. verbeamtet),
- freiberufliche Mitarbeiter/innen,
- geringfügig entlohnte Beschäftigte (450 EUR-Jobs) oder
- ehrenamtlich Beschäftigte.

Je nach Berufsgruppe, Beschäftigungsverhältnis und Hierarchieebene können sich die Prozessabläufe deutlich unterscheiden: So werden beispielsweise beim Recruiting von administrativem Personal Bewerbungsgespräche geführt, bei der Suche nach künstlerischem Personal hingegen Auditions o. Ä. abgehalten. Im Rahmen dieses *essentials* legen wir den Fokus vor allem auf das Recruiting von hauptamtlichem, nicht-künstlerischem Personal in Voll- oder Teilzeit.

Recruitingprozess in Kulturbetrieben 2

Um die besten Mitarbeiter/innen für sich zu gewinnen, ist es für Kulturbetriebe essenziell, ihre Recruitingprozesse professionell zu gestalten. Dies gilt besonders auch vor dem Hintergrund, dass die meisten der Kandidat/innen innerhalb dieser Prozesse erstmals in persönlichen Kontakt mit der Organisation als potenziellem Arbeitgeber kommen. Recruitingprozesse sind allerdings komplex und nehmen regelmäßig erhebliche Ressourcen in Anspruch, v. a. in personeller und zeitlicher Hinsicht. Umso wichtiger ist es, die Prozesse strukturiert zu planen und effizient ablaufen zu lassen und sich bei Bedarf auch externe Unterstützung zu holen (z. B. in Form von Personalberatungen/-agenturen, vgl. Abschn. 3.2.3).

Im Hinblick auf den Recruitingprozess existieren in der Personalforschung unterschiedliche Auffassungen: Demnach hat der Prozess mindestens vier (u. a. Scholz & Scholz, 2019; Stock-Homburg & Groß, 2019), teils aber auch bis zu fünf oder mehr Phasen (u. a. Troger, 2018) – je nachdem, wie sehr die einzelnen Schritte im Prozess ausdifferenziert werden. In unserem Verständnis besteht der Recruitingprozess in Kulturbetrieben aus insgesamt sieben Bestandteilen bzw. Phasen (Abb 2.1). Im Zentrum steht ein *Kernprozess* mit insgesamt vier Phasen (siehe Abschn. 2.3):

- Die Planung und Durchführung der *Stellenausschreibung,*
- die *Vorauswahl* geeigneter Bewerber/innen und deren Einladung,
- das Führen von *Bewerbungsgesprächen*, Durchführen von *Tests, Auditions* etc. und
- die *Entscheidung* für geeignete Kandidat/innen inklusive *Absagemanagement.*

Dieser Kernprozess wird von den folgenden drei Phasen bzw. Aufgaben ummantelt:

© Der/die Autor(en), exklusiv lizenziert durch Springer Fachmedien Wiesbaden GmbH, ein Teil von Springer Nature 2021
A. Hausmann und O. Braun, *Recruiting in Kulturbetrieben – Leitfaden für die erfolgreiche Personalgewinnung,* essentials,
https://doi.org/10.1007/978-3-658-35419-0_2

- Dem *Employer Branding,* das besonders vor, aber auch während und nach dem Kernprozess eine Rolle spielt (siehe Abschn. 2.1),
- der *Personalbedarfsplanung,* die im Vorfeld der Stellenausschreibung stattfindet (siehe Abschn. 2.2) und
- dem *Onboarding,* d. h. die systematische Einführung bzw. Eingliederung der neuen Mitarbeiter/innen in den Kulturbetrieb, die im Anschluss an einen erfolgreichen Besetzungsprozess erfolgt (siehe Abschn. 2.4).

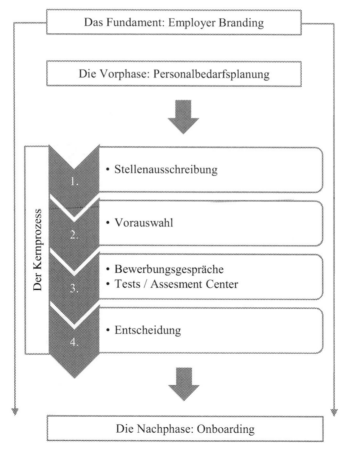

Abb 2.1 Der Recruitingprozess in Kulturbetrieben

Des Weiteren gehört zum Bewerbungsprozess z. B. auch ein Prozesscontrolling: Hierbei werden die durchgeführten Maßnahmen im Nachgang des Bewerbungsverfahrens evaluiert. Dabei wird beispielsweise erhoben, ob ausreichend Personal eingestellt werden konnte oder wie der Prozess von den Kandidat/innen erlebt wurde. Auf die verschiedenen Methoden des Personalcontrollings und mögliche Qualitätskriterien zur Prozessevaluation wird in diesem *essential* nicht weiter eingegangen – hierzu sei auf Scholz und Scholz (2018) und Stock-Homburg und Groß (2019) verwiesen.

2.1 Employer Branding

Wie in der Einführung beschrieben sind die Aktivitäten von Unternehmen und Organisationen auf dem Arbeitsmarkt schon seit geraumer Zeit vom Kampf um qualifizierte Mitarbeiter/innen geprägt. Einer der vielversprechendsten Ansätze, um einem drohenden Fachkräftemangel entgegenzuwirken und besondere Talente für die eigene Institution zu gewinnen, ist das *Employer Branding* bzw. die Entwicklung und Etablierung einer Arbeitgebermarke *(Employer Brand)*. Diese dient dazu, den Kulturbetrieb als attraktiven Arbeitgeber am Arbeitsmarkt zu positionieren. Employer Branding ist als langfristig angelegtes, strategisches Instrument des Personalmanagements zu verstehen, dessen übergeordnetes Ziel es ist, einen Kulturbetrieb dauerhaft mit ausreichend qualifiziertem Personal zu versorgen (Hausmann, 2014; Kanning, 2017). In diesem Sinne unterstützt ein strategisches Employer Branding sowohl die *Akquise* von neuem Personal als auch die *Bindung* der derzeitigen Belegschaft. Im Folgenden wird Employer Branding mit dem Ziel der Ansprache und Gewinnung neuer Arbeitskräfte im Fokus stehen.

Employer Branding lässt sich in das Konzept der *ganzheitlichen Markenführung* einer Organisation einbetten (Sponheuer, 2010; Tröger, 2018). Analog zu Produktmarken haben auch Arbeitgebermarken eine Art Persönlichkeit, die den Kulturbetrieb als Arbeitgeber von Konkurrenzorganisationen unterscheidet. Diese entsteht durch sogenannte konkrete und symbolische *Markenmerkmale* (Kanning, 2017):

- *Konkrete* Merkmale sind jene, die objektiv wahrnehmbar sind und das Auftreten eines Kulturbetriebs (z. B. Name, Corporate Design) oder die dort vorzufindenden Arbeitsbedingungen (z. B. Gehaltsniveaus, Weiterbildungsmöglichkeiten, Überstundenausgleich) widerspiegeln.
- Im Gegensatz dazu sind *symbolische* Markenmerkmale von den Beschäftigten subjektiv wahrgenommene, immaterielle Aspekte der Arbeit in einem Kulturbetrieb (z. B. Teamzusammenhalt, Organisationskultur, persönliche Identifikation mit den Werten der Institution).

Will ein Kulturbetrieb nun Employer Branding umsetzen, so ist zunächst eine individuelle Kombination an konkreten und symbolischen Markenmerkmalen festzulegen. Diese bildet den *Kern* der Employer Brand. Die Konzeption einer solchen Employer Brand ist ein komplexer, partizipativer und arbeitsintensiver Prozess, für den sich eine Institution genug Zeit nehmen sollte. Denn Marken sind nur dann erfolgreich, wenn sie authentisch und stimmig sind – und das erfordert, oftmals erstmalig, eine intensive, offene Auseinandersetzung damit, was Realität und was Wunschdenken bezüglich des eigenen Images als Arbeitgeber, der Arbeitsbedingungen etc. ist. Hierbei kann es sinnvoll sein, eine externe wissenschaftliche Prozessbegleitung hinzuzuziehen, um einen realistischen „Blick von außen" zu erhalten.

Nach erfolgreicher Konzeption wird die Employer Brand an die verschiedenen Zielgruppen der Recruitingaktivitäten des Kulturbetriebs kommuniziert (z. B. Hochschulabsolventen/innen, Führungskräfte). Um diese bestmöglich ansprechen zu können, ist es essenziell, ihre Bedürfnisse und Erwartungen an Kulturbetriebe als Arbeitgeber zu kennen und durch eine entsprechende Kommunikation zu adressieren (hierzu weiterführend Frohne et al., 2018; Waldeck, 2018).

Zur Kommunikation der Employer Brand haben sich verschiedene Instrumente bewährt: Hierzu gehört vor allem die Selbstpräsentation des Kulturbetriebs als Arbeitgeber auf der eigenen Website, auf Social Media, auf Karrierenetzwerken (siehe Abschn. 3.2.4) oder in Stellenanzeigen (siehe Abschn. 3.2.1). Aber auch im Kontakt mit potenziellen Mitarbeiter/innen, d. h. im Rahmen der *Candidate Journey* (siehe Kap. 4), sollte die Kommunikation der Employer Brand stets mitgedacht werden – denn die Erfahrungen, die Kandidat/innen im Bewerbungsprozess machen, wirken sich immer unmittelbar auf die Wahrnehmung der Institution als Arbeitgeber aus (und werden auch an andere weitergegeben, im privaten Netzwerk, aber z. B. auch auf Social Media).

Darüber hinaus ist die Rolle aktueller Mitarbeiter/innen als wichtige *Markenbotschafter/innen* im Sinne des Employer Brandings nicht zu unterschätzen

(Scholz & Scholz, 2019): Auch sie verbreiten Informationen über die Organisation als Arbeitgeber entweder informell im privaten Umfeld oder aber öffentlich im Internet (z. B. auf Arbeitgeberbewertungsplattformen wie *kununu*).

Bewertungen auf Arbeitgeberplattformen – und der Umgang damit

Besonders jungen, gut qualifizierten Arbeitnehmer/innen im Kulturbereich ist es zunehmend wichtig, bei einem Betrieb zu arbeiten, den sie als attraktiv und mit ihren eigenen Erwartungen und Werten kompatibel empfinden. Dieser Umstand liegt u. a. darin begründet, dass sie sich bedingt durch den Wandel des Arbeitsmarktes, immer öfter zwischen verschiedenen Angeboten (und somit auch Arbeitgebern, nicht nur im Kulturbereich) entscheiden können. Die Erwartungen, die junge Arbeitskräfte an Kulturarbeitgeber stellen, sind v. a. von dem ausgeprägten Wunsch nach einem guten Arbeitsklima, herausfordernden Tätigkeiten oder auch Weiterbildungs- und Aufstiegschancen im Betrieb geprägt (vgl. Frohne et al., 2018). Mit diesen Anforderungen wächst auch das Bedürfnis, sich bereits im Vorfeld der Bewerbung über Arbeitgeber zu informieren – beispielsweise über die digitale Arbeitgeberbewertungsplattform *kununu*. Hier findet sich mittlerweile eine Vielzahl an Bewertungen von aktuellen und ehemaligen Mitarbeiter/innen verschiedener Kulturbetriebe – auch zu relevanten Themen für Nachwuchskräfte, wie den Weiterbildungsmöglichkeiten im Haus. Hierzu heißt es z. B. in der Bewertung eines süddeutschen Stadttheaters: „Leider kein Interesse, die eigenen Leute gut auszubilden bzw. zu fördern" (kununu, 2020a). Mit Blick auf den Anspruch nach Weiterbildung und Aufstieg vieler junger Arbeitskräfte lassen Bewertungen wie diese Arbeitgeber in einem ungünstigen Licht dastehen. Dass es durchaus (ehemalige) Mitarbeiter/innen gibt, die solche Bewertungsplattformen nutzen, um ihrem Ärger Luft zu machen, ist offensichtlich. Jedoch können solche Kommentare – besonders wenn sie sich thematisch wiederholen – auch auf tiefsitzende Probleme eines Kulturbetriebs als Arbeitgeber hinweisen und für gut qualifizierte Nachwuchskräfte einen Grund darstellen, sich trotz attraktiver Stellen gegen einen Kulturbetrieb als (potenziellen) Arbeitgeber zu entscheiden. Daher lohnt es sich für Kulturarbeitgeber einen Blick auf ihr *kununu*-Profil zu werfen und ggf. sogar auf kritische Kommentare zu antworten – das symbolisiert Lernfähigkeit und bietet die Chance möglichen Imageschäden durch schlechte Bewertungen entgegenzuwirken. Denn damit, die Augen vor Kritik zu verschließen, ist niemandem geholfen.

Es ist bereits vorstehend deutlich geworden, wie wichtig es ist, dass die kommunizierte Employer Brand und die tatsächlich im Betrieb herrschenden Arbeitsbedingungen übereinstimmen. Wie aber hängen das Employer Branding und ein erfolgreicher Recruitingprozess zusammen? Diese Frage lässt sich am besten anhand einer kurzen Illustration beantworten: Gelingt es einem Kulturbetrieb seine Employer Brand erfolgreich zu etablieren, kann dies verschiedene Vorteile haben. Im besten Fall hat sich die Organisation als attraktiver Arbeitgeber auf dem Arbeitsmarkt positioniert. Durch diese Positionierung hat die Organisation größere Bekanntheit bei den zu erreichenden Zielgruppen erlangt. Auch werden im Idealfall geeignete, hochqualifizierte Bewerber/innen gezielter angesprochen. Je höher nun der Anteil geeigneter Kandidat/innen an den Bewerbungen ist, desto wahrscheinlicher ist es auch, dass der Recruitingprozess erfolgreich abgeschlossen und ein wertvolles Talent für die eigene Organisation gewonnen werden kann. Ein erfolgreiches Employer Branding kann demnach die Effizienz und Effektivität von Recruitingprozessen steigern – so werden im besten Fall knappe Ressourcen geschont.

2.2   Personalbedarfsplanung

Ein effektiver Recruitingprozess setzt eine fundierte Personalbedarfsplanung voraus. Diese Personalbedarfsplanung, d. h. die Ermittlung des derzeitigen und künftigen Bedarfs an Mitarbeiter/innen eines Kulturbetriebs, ist dem Kernprozess des Recruitings daher vorgelagert. Hierbei sind folgende Planungsarten zu unterscheiden (Hausmann, 2019b; Scholz & Scholz, 2019):

- Die *quantitative* Bedarfsplanung, die sich mit der Frage beschäftigt, *wie viele* Mitarbeiter/innen zu einem bestimmten Zeitpunkt beschäftigt werden müssen, damit der Kulturanbieter leistungs- und wettbewerbsfähig ist, und
- die *qualitative* Bedarfsplanung, bei der es um die Identifizierung der *Kenntnisse* und *Fähigkeiten* geht, die die Mitarbeiter/innen für die Leistungserbringung jetzt und in Zukunft besitzen sollen.

Eine solche Bedarfsplanung profitiert davon, wenn der Kulturbetrieb nicht nur seine aktuellen Aufgaben und Anspruchsgruppen kennt, sondern sich auch mittel- bis langfristig orientiert. Hierzu ist es sinnvoll, aktuelle gesellschaftliche Entwicklungen (z. B. Diversität oder Digitalisierung) frühzeitig in den Blick zu nehmen und diese bei der Weiterentwicklung bestehender und der Beantragung neuer Stellen zu bedenken (z. B. Schaffung einer Stelle Digitalmanager/innen oder Diversity-Beauftrage/r).

Die Ermittlung des *quantitativen* Personalbedarfs, d. h. der Anzahl an Mitarbeiternden, die für die Aufgabenerfüllung eines Kulturbetriebs erforderlich sind, kann z. B. auf *Fortführungsbasis* erfolgen. Dies setzt voraus, dass der gegenwärtige Personalbestand dem tatsächlichen Personalbedarf entspricht und deshalb nur Veränderungen (z. B. Kündigung, Erschließung neuer Aufgabenfelder) eine Bedarfsermittlung erforderlich machen. Grundlage für eine solche Vorgehensweise ist in der Regel der *Stellenplan,* in dem alle im Kulturbetrieb vorgesehenen – besetzte und unbesetzte – Stellen abgebildet sind. Der Stellenplan leitet sich aus der Organisationsstruktur bzw. dem Organigramm eines Kulturbetriebs ab und enthält neben der Anzahl an Stellen u. a. Informationen darüber,

- wie diese Stellen konkret bezeichnet sind,
- wann sie besetzt wurden (und mit wem) und
- in welcher Lohn- bzw. Gehaltsstufe sie verortet sind.

Ein wichtiges Instrument der *qualitativen* Personalbedarfsermittlung – und im Weiteren auch des Recruitings – ist die *Stellenbeschreibung.* Eine solche Beschreibung enthält die schriftliche, *unabhängig* von einer Person angelegte Abbildung einer Stelle mit ihrer hierarchischen Einordnung, ihren Zielen, Aufgaben, Kompetenzen und Befugnissen sowie ihren Beziehungen zu anderen Stellen. Hieraus kann ein *Anforderungsprofil* abgeleitet werden, das die erforderlichen Qualifikationen einer für diese bestimmte Stelle geeigneten Person festlegt: Neben fachlichen Fähigkeiten (z. B. Art der Ausbildung bzw. Berufserfahrung, Branchenkenntnisse) sollten hierin auch Aussagen über erforderliche soziale Fähigkeiten (z. B. Teamfähigkeit) enthalten sein (Hausmann, 2020).

2.3 Kernprozess: Von der Ausschreibung bis zur Einstellung

Liegen aus der Personalbedarfsplanung die relevanten Informationen vor, kann der eigentliche *Kernprozess* des Recruitings beginnen. An dessen Anfang steht die *Ausschreibung* der zu besetzenden Stelle. In einem ersten Schritt wird die jeweilige *Stellenanzeige* auf Basis des zuvor festgelegten Anforderungsprofils formuliert (u. a. Scherm & Süß, 2016; Scholz & Scholz, 2019; Stock-Homburg & Groß, 2019). Neben Informationen zu Inhalten und Rahmenbedingungen der zu besetzenden Stelle sollte die Stellenanzeige unbedingt auch Informationen über den Kulturbetrieb als Arbeitgeber, wie auch erste Hinweise zum Auswahlprozess enthalten (siehe auch Abschn. 3.2.1). Bevor die Stellenanzeige publiziert wird, müssen Personalverantwortliche einige weitere Entscheidungen treffen:

- Zunächst muss ein geeigneter Zeitrahmen für die Ausschreibungsphase festgelegt werden (üblich sind ca. vier Wochen).
- Anschließend muss entschieden werden, auf welchem *Beschaffungsmarkt* nach geeigneten Kandidat/innen gesucht werden soll (z. B. intern/extern, national/international; siehe Abschn. 3.1 und 3.2)
- Auch die *Kanäle,* über die die Ausschreibung publiziert werden soll, müssen zielgruppengerecht ausgewählt werden (print/online, auf eigener Website/ externen Stellenportalen/hauseigenen Social-Media-Kanälen).

Sind all diese Entscheidungen getroffen worden, wird die Stellenanzeige schließlich veröffentlicht. Mit Blick auf den Teilprozess der Stellenausschreibung wird noch einmal deutlich, dass eine kleinteilige und auf den genauen Personalbedarf zugeschnittene Formulierung des Anforderungsprofils essenziell ist – dies hat sich auch in der Beratungstätigkeit der Autorinnen immer wieder gezeigt: Denn wenn nicht verbindlich geklärt ist, welche Kompetenzen (fachlich, methodisch und sozial) im jeweiligen Kulturbetrieb (bzw. auf den verschiedenen Hierarchieebenen) gebraucht werden und die Stellenanzeige daher eher vage formuliert ist, einen bunten Mix an möglichen Aufgaben enthält und/oder die Stellenbezeichnung uneindeutig ist (deckt z. B. nur einen Teil der genannten Aufgaben ab), so wird es eher zufällig, nicht aber geplant passieren, dass die ideale Person zur Besetzung der vakanten Stelle gefunden wird. Es kann nicht deutlich genug herausgestellt werden, dass nicht wenige Beschaffungsprozesse scheitern, weil die Anzeige die „falschen" Personen angesprochen hat. Dies liegt dann häufig weniger an den eingeladenen Personen als vielmehr am Ausschreibungstext, der, wenn er im Nachhinein von externen Expert/innen kritisch betrachtet wird, gar nicht abbildet, was der Kulturbetrieb tatsächlich sucht.

Eine gelungene Stellenausschreibung legt zudem den Grundstein für die Effizienz und Effektivität der nächsten Phase des Kernprozesses: der *Vorauswahl geeigneter Kandidat/innen* (u. a. Scholz & Scholz, 2019; Stock-Homburg & Groß, 2016; Troger, 2018). Diese sollte kriteriengeleitet und – ebenso wie die Ausschreibung der zu besetzenden Stelle – auf Basis des Anforderungsprofils erfolgen: Dort sind die benötigten Kompetenzen der zukünftigen Stelleninhaberin bzw. des zukünftigen Stelleninhabers bereits festgeschrieben und bieten Orientierung für die Prüfung der eingegangenen Bewerbungen.

Bei der Durchsicht der vorliegenden Bewerbungsunterlagen wird zunächst geprüft, ob die Bewerber/innen die für die vakante Position erforderlichen *Qualifikationen* mitbringen und ob diese hinreichend *belegt* sind (z. B. durch Hochschul- oder Arbeitszeugnisse). Auch die Qualität des Anschreibens (Informationsgehalt/-fokus, Länge, Duktus etc.) sowie der Gesamteindruck der Bewerbungsunterlagen fließen in die Vorauswahl ein – hierdurch können bereits erste Einblicke in die Arbeitsweise gewonnen und vorläufige Rückschlüsse auf z. B. die Sorgfalt der Kandidat/innen gezogen werden. Die Erfahrung der Autorinnen aus vielen Besetzungsverfahren zeigt dabei, dass die schriftliche Selbstauskunft trotz aller Möglichkeiten, Informationen passend oder sogar falsche Angaben zu machen, immer wieder ein erstaunlich verlässlicher Indikator für die weitere Präsentation der Bewerber/innen im Verfahren ist.

Ist die Vorauswahl geeigneter Kandidat/innen abgeschlossen, folgt das eigentliche *Auswahlverfahren*. Kern dieses Verfahrens sind *Auswahlgespräche,* die i. d. R. zwischen Bewerber/innen auf der einen und mehreren Mitgliedern des Kulturbetriebs auf der anderen Seite stattfinden. In Abhängigkeit von der Bedeutung der ausgeschriebenen Position (i. d. R. erste und zweite Hierarchieebene) werden ggf. zudem externe Personalexpert/innen aus Wissenschaft und Praxis sowie – bei öffentlichen Einrichtungen – auch Vertreter/innen des Trägers beteiligt. Auf Institutionsseite werden typischerweise die/der zukünftige Vorgesetzte sowie mindestens eine weitere Person, die die anfallenden Tätigkeiten und das Setting am Arbeitsplatz möglichst gut beschreiben kann (z. B. zukünftige Kollegin aus der Abteilung), am Gespräch beteiligt sein (Henze, 2011). Zusätzlich werden Mitglieder weiterer Gremien und Interessensvertretungen (z. B. Personal- bzw. Betriebsrat, Gleichstellungs-, Diversitäts- oder Behindertenbeauftrage) in das Auswahlverfahren einbezogen bzw. müssen einbezogen werden.

Die Bedeutung des Personalrats im öffentlichen Kulturbetrieb

Nahezu überall dort, wo Menschen arbeiten, sind Betriebs- bzw. Personalräte anzutreffen – so auch in öffentlichen Kultureinrichtungen. Ihre Aufgabe ist es, die Interessen der im Betrieb angestellten Personen zu vertreten. Das gilt unabhängig vom Anstellungsverhältnis, wie ein Blick auf die Website des Personalrats des Botanischen Gartens und Botanischen Museums Berlin zeigt. Dort heißt es: „Der Personalrat ist die Vertretung der in der Dienststelle arbeitenden Tarifbeschäftigten, der Beamtinnen und Beamten sowie der Leiharbeitnehmer/innen, welche in den Dienstbetrieb der ZE BGBM eingegliedert sind" (Botanische Garten & Botanisches Museum Berlin, 2021).

Die rechtliche Grundlage des Personalrats ist das Personalvertretungsgesetz (PersVG), welches sich je nach föderaler Ebene und örtlicher Ansiedlung einer Institution unterscheiden kann. Der Personalrat an öffentlichen Institutionen wird von der Belegschaft gewählt – die Wahlordnung ist im jeweiligen PersVG festgelegt. Die Amtszeit beträgt i. d. R. vier Jahre. Innerhalb dieser Zeit hat der Personalrat ein Recht auf Mitbestimmung, Mitwirkung und Anhörung. Die Bandbreite der Themen, in denen die Personalvertretung die Angestellten vertritt, ist groß – auch das zeigt sich am o. g. Beispiel: Hier gehören u. a. die Bereiche Chancengleichheit und Diversity, die Arbeitszeit- und Arbeitsplatzgestaltung sowie die Weiterbildungsmöglichkeiten am Haus zu den Arbeitsfeldern des Personalrats (Botanische Garten & Botanisches Museum Berlin, 2021).

Auch innerhalb von Recruitingprozessen kommt dem Personalrat eine hohe Bedeutung zu: Er verfügt nach § 75 des Bundespersonalvertretungsgesetzes (BPersVG) z. B. über ein Mitbestimmungsrecht bei der Personaleinstellung. Für die Einstellung einiger Personengruppen (z. B. Beschäftigte mit vorrangig wissenschaftlicher oder künstlerischer Tätigkeit unter Berufung auf die Kunst- und Wissenschaftsfreiheit) schränkt das Gesetz die Beteiligung des Personalrats allerdings ein – hier sind teilweise gesonderte Anträge auf Mitbestimmung seitens des Personalrats nötig.

Ziel der Auswahlgespräche ist v. a. das gegenseitige Kennenlernen, wie auch die Überprüfung der in den Bewerbungsunterlagen angegebenen Informationen (Stock-Homburg & Groß, 2019). Insgesamt geht es darum, die auf beiden Seiten bestehenden *Informationsasymmetrien* weiter abzubauen. Aus Perspektive des Kulturbetriebs bietet sich in diesen Gesprächen die Möglichkeit, mehr über die (tatsächlichen) Motive, Bedürfnisse und Kompetenzen der Kandidat/innen herauszufinden. Aus Perspektive umworbener, hochqualifizierter Bewerber/innen gilt es zu prüfen, ob der Kulturbetrieb (tatsächlich) so ein attraktiver Arbeitgeber ist, wie er sich im Rahmen seines Employer Branding präsentiert, und ob der potenzielle neue Arbeitsplatz es wirklich wert ist, dass Anderes aufgegeben wird (aktueller Arbeitsplatz, derzeitiger Wohnort etc.). Aufgrund dieser hohen Bedeutung des Kennenlernens ist es unumgänglich, die zu führenden Gespräche detailliert vorzubereiten und z. B. einen *Interviewleitfaden* zu entwickeln (mit entsprechender Rollenverteilung innerhalb des Auswahlgremiums gemäß Kompetenzen). Nur so können ein transparentes, professionelles, faires Auswahlverfahren und eine hohe Vergleichbarkeit der Kandidat/innen garantiert werden.

Neben Auswahlgesprächen ist es möglich – und oft auch sehr sinnvoll – die Fähigkeiten der Kandidat/innen sowie ihr Verhalten in bestimmten Situationen durch *Tests* oder *Praxisaufgaben* zu überprüfen. Dabei sind verschiedene Verfahren möglich (u. a. Stock-Homburg & Groß, 2019; Henze, 2011):

- Durchführung von Persönlichkeits- oder Integritätstest (z. B. anhand der Diskussion eines fiktiven Praxisbeispiels),
- Beauftragung der Kandidat/innen mit der Erstellung einer Präsentation zu einem für die Stelle relevanten Thema (z. B. Sponsoringskizze, Kommunikationskonzept),
- Simulation einer Aufgabe, die in den typischen Arbeitsbereich der potenziellen neuen Mitarbeiter/innen fällt (z. B. Konfliktgespräch).

Probearbeiten als Ergänzung zum Auswahlgespräch
Kulturbetriebe, die noch einen Schritt weiter gehen wollen, können vielversprechende Kandidat/innen zu einem eintägigen *Probearbeiten* einladen. Dies eignet sich etwa dann, wenn erste Auswahlgespräche bereits abgeschlossen sind und ein/e Favorit/in identifiziert wurde. Diese/r wird dann für einen Tag in den Betrieb eingeladen, um Kolleg/innen und Arbeitsumfeld vor Ort kennenzulernen. Ein solches Vorgehen ist zwar mit einem Mehraufwand verbunden, bietet aber Vorteile für beide Seiten: Kulturbetriebe können erproben, ob sich die ausgewählte Person im Arbeitsalltag bzw. bei der Erledigung konkreter Aufgaben bewährt. Kandidat/innen können wiederum einen Einblick in ihre potenzielle Arbeit erhalten und so ebenfalls besser abschätzen, ob der jeweilige Kulturbetrieb zu ihnen passt. Im besten Fall entstehen so Erlebnisse, die sich positiv auf die Wahrnehmung des Betriebs als Arbeitgeber auswirken und das Fundament für die Bindung der neuen Arbeitskraft stärken. Es sei darauf hingewiesen, dass sich dieses Instrument für Stellen auf Mitarbeiter- bzw. nachgeordneten Hierarchieebenen eignet.

Das Auswahlverfahren endet mit der *Entscheidung* für eine Kandidatin bzw. einen Kandidaten, die/der dann – idealerweise von der zuständigen Führungskraft – kontaktiert und über die Entscheidung informiert wird. Sagt diese/r zu und laufen die Vertragsverhandlungen erfolgreich, kann das *Absagemanagement* für die übrigen Bewerber/innen erfolgen. Diese werden in der Regel per Mail kontaktiert, um sie über die Entscheidung zu informieren. Sollten mehrere Kandidat/innen in der engeren Auswahl gewesen sein und ggf. sogar an einem mehrstufigen Auswahlverfahren teilgenommen haben, so können diese auch telefonisch kontaktiert werden. Bei dieser Gelegenheit kann der Kulturbetrieb den Bewerber/innen, falls gewünscht, ein (rein sachorientiertes, vorzugsweise auf die Qualifikation der verschiedenen Bewerber/innen bezogenes) Feedback geben und sich gleichzeitig darüber informieren, wie die Kandidat/innen des Bewerbungsprozess erlebt haben, um ggf. Handlungsempfehlungen für kommende Prozesse abzuleiten (Stichwort Prozesscontrolling).

2.4   Onboarding

Ab dem Zeitpunkt der Vertragsunterzeichnung durch die künftigen Stelleninhaber/innen beginnt die Nachphase des Recruitingprozesses: das *Onboarding* der Neuen (u. a. Bröckermann, 2021; Scherm & Süß, 2016; Troger, 2018). Unter Onboarding (oder auch *Personaleinführung*) wird die *systematische* Einführung und Integration von neuem Personal in eine Organisation in *fachlicher* wie auch *sozialer* Hinsicht verstanden. Hierbei handelt es sich um einen dynamischen Prozess, der je nach Aufgabenbereich, Abteilung und Hierarchieebene unterschiedlich abläuft. Das Onboarding gilt als erfolgreich, wenn die neuen Mitarbeiter/innen nicht nur ihre Aufgaben kennengelernt haben, sondern z. B. auch die Informations- und Entscheidungswege, ihr Team bzw. ggf. ihre Mitarbeiter/innen sowie einige der geschriebenen und ungeschriebenen Organisations „gesetze". Ist dies gelungen, so wird die Bindung zwischen Kulturbetrieb und Arbeitnehmer/innen innerhalb dieses Prozesses positiv gestärkt worden sein (Scherm & Süß, 2016).

Ob das Onboarding als Teil des Recruitingprozesses zu sehen ist, ist in der Literatur umstritten. Oftmals wird die Einführung neuer Arbeitskräfte als eigener Prozess gesehen, der erst mit dem Arbeitsbeginn der neuen Arbeitskraft beginnt (Scholz & Scholz, 2019, Stock-Homburg & Groß, 2019). In einem *ganzheitlichen* Verständnis des Recruitings wird allerdings davon ausgegangen, dass die Einführung neuer Mitarbeiter/innen bereits vor dem ersten Tag beim neuen Arbeitgeber beginnen sollte (Scherm & Süß, 2016). Hiermit ist z. B. das Kennenlernen der zukünftigen Kolleg/innen am Tag der Vertragsunterzeichnung oder die Einladung der/ neuen Mitarbeiter/innen zu Veranstaltungen der Institution (Vollversammlung, Sponsorengala, Sommerfest etc.) gemeint. Hieraus wird deutlich, dass der

Kernprozess des Recruitings und das Onboarding ineinandergreifen. Daher verstehen auch wir Onboarding im Sinne eines ganzheitlichen Recruitings als Teil des Beschaffungsprozesses.

Wie vorstehend bereits erwähnt sollen neue Mitarbeiter/innen im Zuge des Onboardings auf fachlicher sowie besonders auch auf sozialer Ebene in den Kulturbetrieb integriert werden. Die soziale Integration läuft nach Scherm und Süß (2016) in drei Phasen ab:

- *Vor-Eintrittsphase:* Diese Phase umfasst die Zeit zwischen der Bewerbung der neuen Arbeitskraft und dem Arbeitsbeginn. In dieser Zeit bauen sich sowohl auf Kulturbetriebs- wie auch auf Mitarbeiterseite Erwartungen und Ansprüche auf, die maßgeblich von den ersten Begegnungen zwischen beiden Parteien beeinflusst werden (z. B. Eingangsbestätigung der Bewerbung, Einladung zum Gespräch, ggf. Vorgespräch, Bewerbungsgespräch selbst).
- *Eintrittsphase:* Mit dem Beginn der Beschäftigung wird die neue Arbeitskraft mit den tatsächlichen Arbeitsbedingungen und der Arbeitsatmosphäre im Kulturbetrieb konfrontiert. Diese Phase birgt ein besonders hohes Frustpotenzial, da vorab aufgebaute Erwartungen und die tatsächliche Realität erstmalig aufeinanderprallen. Zu häufig auftretenden Problemen in dieser Phase gehören unklar abgegrenzte Aufgaben- und Arbeitsbereiche, überhöhte Ansprüche auf beiden Seiten wie auch eine Über- oder Unterforderung der neuen Arbeitskraft. In dieser Phase sind erste Feedbackgespräche und eine offene Kommunikation auf beiden Seiten anzuraten. Es kann nicht deutlich genug herausgestellt werden, auch weil es in vielen Kulturbetrieben aus „Zeitgründen" noch immer viel zu häufig unterbleibt, dass hier besonders auch der/die Vorgesetzte gefragt ist. Und tatsächlich stellt diese Zurverfügungstellung knapper zeitlicher Ressourcen nach Erfahrung der Autorinnen eine gute Investition in die (personalpolitische) Zukunft dar.
- *Metamorphosephase:* Gelingt der Dialog zwischen Kulturbetrieb und den neuen Beschäftigten, werden in dieser Phase im besten Fall mögliche, anfängliche Schwierigkeiten überwunden und die Integration gelingt. Ist dies nicht der Fall, ist es möglich – und in bestimmten Fällen auch sinnvoll – dass sich die Wege zügig wieder trennen. Letzteres wird allerdings in jeder Hinsicht teuer: Neben den „sunk costs", also jenen Ressourcen, die im Bewerbungsprozess bereits unwiderruflich verbraucht wurden (v. a. Zeit in unterschiedlichem Umfang für die in den Prozess einbezogenen Personen, Geld für Anzeigen, externe Beratung etc.), kommen nun noch Trennungskosten und die Kosten der Neuaufnahme des Recruiting hinzu. Es sei daher an dieser Stelle noch einmal nachdrücklich betont: Professionelles Onboarding ist ein zentraler Faktor

für den Erfolg beim Recruiting – und muss daher als inhärenter Bestandteil von Anfang an mitgedacht werden.

Um das Onboarding so professionell wie möglich anzugehen, ist die Konzeption eines *Einarbeitungsprogramms* sinnvoll. Teil dessen können z. B. sein

*   Einarbeitungsgespräche (inklusive Überreichung einer Einführungsmappe mit wichtigen Informationen zu z. B. Aufbauorganisation/Organigramm, Leitbild, Dienstvereinbarungen zu mobiler Arbeit, Gleitzeiten, Urlaubsansprüchen etc.),
*   das strukturierte Kennenlernen aller wichtigen Arbeitsbereiche und Personen des Kulturbetriebs sowie
*   eine transparente Planung der Reihenfolge der anfangs zu erledigenden Aufgaben.

Auch kann es zielführend sein, den neuen Beschäftigten für die erste Zeit Mentor/innen an die Seite zu stellen, die die Einarbeitung begleiten und als erste Ansprechpartner/innen wirken (Scherm & Süß, 2016). Im Kulturbereich sind Einarbeitungsprogramme, trotz ihrer vielen Vorteile für die Bindung neuer Mitarbeiter/innen, allerdings noch immer wenig verbreitet (Henze, 2011).

Instrumente des Recruitings in Kulturbetrieben

3

Bei der Planung des Recruitingprozesses ist die Frage nach dem *Beschaffungsmarkt* zentral für Kulturbetriebe. Grundsätzlich gibt es zwei Märkte auf denen Personal für eine freie Stelle akquiriert werden kann: auf dem internen und/oder dem externen Beschaffungsmarkt. In Abhängigkeit davon wird auch von internem bzw. externem Recruiting gesprochen. Die Unterschiede zwischen den genannten Beschaffungsmärkten und die in der Kulturbetriebspraxis jeweils am häufigsten genutzten *Recruitinginstrumente* werden nachfolgend vorgestellt.

3.1 Internes Recruiting

Das *interne Recruiting* meint die Besetzung einer vakanten Position durch bereits im Betrieb vorhandene Mitarbeiter/innen (u. a. Hausmann, 2019b; Scherm & Süß, 2016; Scholz & Scholz, 2016; Stock-Homburg & Groß, 2019). I. d. R. gibt es hierfür zwei mögliche Wege, und zwar mittels

- Beförderung (z. B. durch den Aufstieg einer Arbeitskraft zur Abteilungsleitung, Geschäftsführung etc.) oder
- Versetzung (z. B. durch den Abteilungs- oder Standortwechsel einer Arbeitskraft).

Auch eine Kombination beider Wege ist möglich (wenn z. B. die bisherige Direktionsassistenz eine Leitungsposition in der Stabstelle Marketing antritt). Zumeist geht einer solchen Besetzung eine interne Stellenausschreibung (z. B. im Intranet oder über interne Publikationen einer Kulturinstitution) voraus.

Häufig geht mit dem internen Recruiting zudem eine Weiterentwicklung der jeweiligen Arbeitskraft (z. B. durch fachliche Fortbildungen oder eine langfristig angelegte interne Karriereplanung) einher. Zu einer solchen Karriereplanung zählen beispielsweise

- das Talentmanagement (d. h. die frühzeitige und systematische Planung der Karriere einer Arbeitskraft innerhalb der Institution) und
- das Nachfolgemanagement (d. h. die frühzeitige und systematische Vorbereitung einer Arbeitskraft auf die Übernahme einer Position, die in absehbarer Zeit vakant wird).

Die Vorteile einer internen Stellenbesetzung liegen u. a. darin, dass hierdurch

- die Besetzung kurzfristig erfolgen und damit eine längere Vakanz, v. a. auf Schlüsselpositionen, vermieden werden kann,
- die infrage kommende Person den Kolleg/innen und Vorgesetzten bereits hinsichtlich ihrer Leistungsfähigkeit, sozialen Kompetenzen etc. bekannt ist,
- die Person über Organisationskenntnis verfügt und sich damit die Einarbeitungszeit deutlich verkürzt,
- die Beschaffungskosten geringer ausfallen (in privaten Kulturbetrieben z. B. keine Ausschreibung erforderlich) und der Prozess insgesamt schneller (erfolgreich) beendet werden kann,
- temporäre Möglichkeiten zur „job rotation" und „interim leadership", z. B. im Falle sogenannter Stellvertreterübergangslösungen, oder sogar dauerhafte Aufstiegschancen und damit Anreize für fähige Mitarbeiter/innen geschaffen werden.

Andererseits verfügt die interne Stellenbesetzung auch über gewisse Nachteile:

- So steht ggf. nur eine beschränkte Auswahl von geeigneten Mitarbeiter/innen zur Verfügung,
- eine Versetzung oder Beförderung von bestimmten Kandidat/innen stößt auf Ablehnung, Neid etc. bei den Kolleg/innen (z. B. bei jenen, die sich selbst Hoffnung auf eine Beförderung gemacht haben) oder
- es wird eigentlich neuer, externer Input benötigt, z. B. weil bestimmte Fachkenntnisse oder Netzwerke, die für die Fortentwicklung der Institution zentral sind, bislang nicht vorhanden sind (z. B. digitale skills, Fundraising).

Müssen interne Bewerber/innen zwingend zum Bewerbungsgespräch einladen werden?
Regelmäßig sehen sich Kulturarbeitgeber nach Ablauf der Bewerbungsfrist für eine vakante Stelle der gleichen Frage gegenüber: Welche der Bewerber/innen wollen wir zum Gespräch einladen und persönlich kennenlernen? I. d. R. stehen Institutionen an diesem Punkt im Bewerbungsprozess eine Reihe geeigneter externer, aber auch interner Kandidat/innen zur Auswahl. Vielerorts ist es eine Art ungeschriebenes Gesetz, interne Bewerber/innen, sofern ein Mindestmaß an fachlicher Eignung vorliegt, in jedem Fall zum Auswahlverfahren einzuladen – auch wenn dieses Vorgehen (anders als häufig angenommen) keine arbeitsrechtliche Grundlage hat. Vielmehr gehört es entweder zum guten Ton innerhalb eines Betriebs oder basiert auf einer vom Personalrat erwirkten Regelung: Dieser hat die Möglichkeit eine Absprache mit der Dienststelle zu treffen, nach der interne Bewerber/innen grundsätzlich einzuladen sind, um beispielsweise die internen Weiterentwicklungschancen zu steigern.

3.2 Externes Recruiting

Kommt eine interne Personalbedarfsdeckung nicht infrage, z. B. weil niemand interessiert oder hinreichend qualifiziert ist, steht Kulturbetrieben zusätzlich das externe Recruiting – also die Deckung eines Personalbedarfs mit neuen, externen Arbeitskräften – zur Verfügung (u. a. Hausmann, 2019b; Scherm & Süß, 2016; Scholz & Scholz, 2016; Stock-Homburg & Groß, 2019). Hierfür stehen grundsätzlich zwei Vorgehensweisen zur Auswahl:

- Das passive Recruiting (z. B. über die Analyse von Stellengesuchen der Bundesagentur für Arbeit, den Rückgriff auf initiativ eingegangene Bewerbungen oder auf eine Bewerberkartei) oder
- das aktive Recruiting (z. B. über die Direktansprache potenzieller Bewerber/innen über Hochschulen, Social Media bzw. Karrierenetzwerke oder die Schaltung von Stellenanzeigen).

Passives Recruiting kann nur dann erfolgreich sein, wenn entsprechende Strukturen bereits vorhanden sind (z. B. eine Employer Branding Strategie bzw. starke Arbeitgebermarke oder ein laufend gepflegter Bewerberpool). Ist dies nicht der Fall oder sollen externe Kandidat/innen mit einem sehr speziellen Skillset gefunden werden, so ist es sinnvoll auf aktive Beschaffungsmethoden zurückzugreifen. Externes Recruiting bringt verschiedene Vorteile mit sich. Hierzu gehört typischerweise, dass

- i. d. R. aus einer größeren Bewerber/innenzahl ausgewählt werden kann,
- aktuell bestehende Lücken in der Fachkompetenz des Kulturbetriebs geschlossen werden können,
- Externe im Idealfall neue Ideen und Impulse einbringen, durch die der Kulturbetrieb insgesamt neue Dynamik erhält (anstatt eines „so haben wir das hier schon immer gemacht").

Andererseits verfügt das externe Recruiting gegenüber der internen Beschaffung auch über typische Nachteile, wie z. B. dass

- die Gefahr einer Fehlentscheidung aufgrund bestehender Informationsasymmetrien (z. B. Wahrheitsgehalt des Lebenslaufes, tatsächliche Motivation und soziale Verträglichkeit der Bewerber/innen) größer ist,
- die Kosten der Beschaffung (v. a. die aufgewendete Zeit für die Sichtung der Bewerbungen, die Durchführung von Auswahlgesprächen etc.) höher sind,
- der Beschaffungsprozess auch in einem sehr späten Stadium noch scheitern kann (etwa zum Zeitpunkt der finalen Vertragsunterzeichnung, weil Kandidat/innen z. B. parallel noch mit einem anderen Arbeitgeber verhandelt haben), sodass wertvolle Zeit verloren geht,
- vorhandene, gut qualifizierte Mitarbeiter/innen, die sich eigentlich Hoffnung auf eine freigewordene Stelle und einen Karrieresprung im ausschreibenden Kulturbetrieb gemacht hatten, zurückgesetzt fühlen und mittelfristig abwandern.

Beim externen Recruiting steht dem Kulturbetrieb eine Vielzahl von Instrumenten zur Verfügung. Im Folgenden sollen drei besonders relevante und vielversprechende Instrumente für die Kulturbetriebspraxis vorgestellt werden: Stellenanzeigen (Abschn. 3.2.1), Findungskommissionen (Abschn. 3.2.2), Personalberatungen und -agenturen (Abschn. 3.2.3) und E-Recruiting (Abschn. 3.2.4). Zu weiteren Instrumenten, die im Rahmen der verknappten Darstellung eines *essentials* keine Berücksichtigung finden können, sei auf u. a. Kanning, 2017; Scherm & Süß, 2016; Scholz & Scholz, 2019; Stock-Homburg & Groß, 2019 verwiesen.

Warum müssen Stellen in öffentlichen Kulturbetrieben extern ausgeschrieben werden?
Basierend auf *Artikel 33 des Grundgesetzes* (Art. 33 GG) steht es jeder deutschen Staatsbürgerin bzw. jedem deutschen Staatsbürger zu, bei entsprechender Eignung, Befähigung und fachlichen Leistung ein *öffentliches Amt* auszuüben. Gemeint sind u. a. Positionen im *öffentlichen Dienst* (z. B. bei Kommunen, Ländern oder dem Bund) – und somit auch Stellen in öffentlich getragenen Kulturbetrieben. Hieraus ergibt sich der Anspruch einer/eines jeden auf Zugang zu Stellen im öffentlichen Dienst – und somit auch die Verpflichtung zur öffentlichen Ausschreibung freier Stellen. Aber auch Stellen bei Institutionen mit privater Rechtsform können unter Art. 33 GG fallen, wenn die Tätigkeit der Erfüllung öffentlicher Aufgaben dient. Auf die Entscheidung darüber, ob eine Stelle intern oder extern vergeben wird, nimmt genannter Gesetzestext allerdings keinen Einfluss – hier gilt weiterhin der in Kap. 1 angesprochene Grundsatz der Bestenauslese.

3.2.1   Stellenanzeigen

Stellenanzeigen sind eines der wichtigsten und am meistgenutzten externen Instrumente des Recruitings im Kulturbereich. Sie gelten als erprobtes Mittel, um eine möglichst hohe Anzahl an potenziellen Bewerber/innen zu erreichen und auf die zu besetzende Stelle aufmerksam zu machen. Basis für die Formulierung von Stellenanzeigen ist das Anforderungsprofil (siehe Abschn. 2.3) sowie die Aufgabenbeschreibung der ausgeschriebenen Stelle. Hieraus ergeben sich sowohl die Kompetenzen, die potenzielle neue Arbeitskräfte mitbringen sollten, als auch die konkret mit der Stelle verbundenen Aufgaben. Unter Berücksichtigung der Diskussion in der Literatur (u. a. Henze, 2011; Kanning, 2017), ausgewiesener Internetplattformen *(StepStone, MetaHR)* sowie unserer eigenen Beratungspraxis empfehlen wir den Aufbau einer Stellenanzeige wie folgt, um möglichst professionell auf dem Beschaffungsmarkt aufzutreten:

- *Institution:* Im ersten Abschnitt der Stellenanzeige stellt die ausschreibende Institution sowie ggf. der Träger sich und ihre/seine Aufgaben und Ausrichtung vor. Ist die auszuschreibende Stelle projektgebunden, werden hier zudem grundlegende Informationen zum Projekt aufgeführt. Dieser Teil der

Stellenanzeige kann (und sollte) auch zur Positionierung der Institution als attraktiver Arbeitgeber genutzt werden (siehe Abschn. 2.1). Im Zuge dessen sollten Kulturbetriebe an dieser Stelle ihre Mission genauso kommunizieren wie beispielsweise Standortvorteile (zentrale Lage der Institution o. Ä.) oder die Interdisziplinarität und Größe des Teams – eben alles, was für die Zielgruppe der ausgeschriebenen Stelle über den Job i. e. S. hinaus interessant sein könnte.

- *Stellentitel:* Die konkrete Bezeichnung der ausgeschriebenen Stelle, beispielsweise „Mitarbeiter/in für die Abteilung Marketing" oder „Leitung Verwaltung", sollte mit Bedacht gewählt werden bzw. möglichst eindeutig nach außen vermitteln, welcher Aufgabenbereich tatsächlich zu übernehmen ist. Es sei noch einmal darauf hervorgehoben: Je spezifischer und eindeutiger die Stellenbezeichnung ist, desto größer ist die Wahrscheinlichkeit, dass die richtigen Kandidat/innen darauf aufmerksam werden. Um (auch unabsichtliche) Diskriminierung von Personen verschiedener Geschlechteridentitäten zu vermeiden, sollte auf eine gendergerechte bzw. -neutrale Schreibweise geachtet werden (z. B. Assistenz der Direktion (m/w/d)") – sonst können Betrieben Benachteiligungsvorwürfe oder im Ernstfall sogar Klagen drohen.

- *Aufgabenbeschreibung:* Im nächsten Teil der Stellenanzeige werden die mit der Stelle verbundenen Aufgaben prägnant beschrieben. Hierbei sollte darauf geachtet werden, die Aufgaben eindeutig zu formulieren, nach Wichtigkeit zu ranken und überblicksartig aufzulisten – so können sich die potenziellen Bewerber/innen die anfallenden Aufgaben möglichst realistisch vorstellen und es gelingt ihnen leichter im Vorfeld abzuwägen, ob sie für die Tätigkeit qualifiziert und ihr auch gewachsen sind. Im Umkehrschluss kann dies für den Kulturbetrieb bedeuten, dass sich geeignetere Kandidat/innen bewerben – eine Win–win-Situation, die für alle geringere Transaktionskosten bedeutet.

- *Anforderungsprofil:* In diesem Teil der Stellenanzeige sollten Kulturbetriebe die ideale Kandidatin/den idealen Kandidaten skizzieren. Hierbei sollten alle wichtigen Kompetenzen – auf fachlicher, methodischer und sozialer Ebene – genauso genannt werden, wie z. B. auch das erforderliche Qualifikationsniveau, die benötigte Berufserfahrung und Branchenkenntnisse der Kandidat/innen. Dabei empfiehlt sich, besonderen Wert auf die konkrete Benennung der gewünschten und benötigten sozialen Fähigkeiten zu legen, und weniger auf vage Adjektive zu setzen (Hausmann & Stegmann, 2021).

- *Benefits:* Nachdem Kulturbetriebe ausführlich beschrieben haben, was Bewerber/innen mitbringen sollen, ist es in diesem Abschnitt der Stellenanzeige an der Zeit zu zeigen, was den Kandidat/innen geboten werden kann. Institutionen sollten sich nicht davor scheuen, auch an dieser Stelle noch einmal für sich als Arbeitgeber (authentisch) zu werben. Hier können beispielsweise ein starker Teamzusammenhalt, flache Hierarchien, flexible Arbeitszeitmodelle oder die Möglichkeit des Arbeitens im Homeoffice zum Tragen kommen. Wichtig ist, dass an dieser Stelle ehrlich kommuniziert wird – denn spätestens nach Eintritt in den Betrieb wird die neue Arbeitskraft merken, an welchen Stellen Theorie und Praxis auseinanderklaffen und sich im schlechtesten Fall bald wieder nach einem anderen Arbeitgeber umschauen. Auch sollten in diesem Abschnitt Informationen zur Höhe des Gehalts bzw. zur tariflichen Eingruppierung genannt werden.

- *Ansprechperson innerhalb der Institution:* Für mögliche Rückfragen zu Inhalten oder Rahmenbedingungen aufseiten der Bewerber/innen sollte zum Ende der Stellenanzeige eine Ansprechperson innerhalb des Kulturbetriebs, auf Seiten des Trägers und/oder der externen Beratung genannt werden. Diese übernimmt eine wichtige Rolle: Einerseits ist sie der erste Kontakt der Bewerber/innen zur Institution und prägt den ersten Eindruck somit nachhaltig, andererseits ist hier schon die Gelegenheit, die potenziellen Neuen etwas näher kennenzulernen.
- *Zusätzliche Informationen:* Hier können Hinweise zum präferierten Bewerbungsverfahren (z. B. über das eigene Online-Portal oder per E-Mail), den geforderten Unterlagen (z. B. Motivationsschreiben, Lebenslauf, Zeugnisse etc.) oder dazu, was mit den eigenreichten Unterlagen nach Abschluss des Auswahlprozesses passiert (z. B. zu welchen Konditionen diese zurückgesendet werden können), gegeben werden. Ebenso können hier erste Informationen zum Prozessablauf gegeben werden (z. B. Datum der Bewerbungsgespräche, Zahl der Bewerbungsrunden).

Ist die Stellenanzeige formuliert und mit den relevanten Personen im Kulturbetrieb abgestimmt (ggf. unter Einbeziehung externer Expert/innen), kann sie zur Veröffentlichung und Verbreitung freigegeben werden. Hierzu gibt es im Wesentlichen zwei Wege: Off- oder Online bzw. in analoger oder in digitaler Form. Die Zielgruppe der Ausschreibung ist maßgebend für die Auswahl der Kommunikationskanäle. Informationen zum Informationsverhalten verschiedener Zielgruppen in Bezug auf die Arbeitgebersuche – z. B. zu den Kanälen, über die sich Bewerber/innen am häufigsten über potenzielle Arbeitgeber informieren – geben verschiedene, teils konsekutiv und branchenübergreifend durchgeführte Studien (z. B. der *Universität Bamberg,* des *staufenbiel Instituts* und der Unternehmensberatung *Kienbaum;* Pütter, 2015).

Entscheiden sich Institutionen für die *analoge* Veröffentlichung einer Stellenanzeige, so steht ihnen eine Vielzahl allgemeiner Printmedien (z. B. *DIE ZEIT* oder lokale Zeitungen) wie auch einschlägiger Branchen-/Fachzeitschriften (z. B.

das Orchester) zur Verfügung. Im Zuge der fortschreitenden Digitalisierung in allen Teilen der Gesellschaft verliert die Offline-Publikation von Stellenanzeigen jedoch zunehmend an Bedeutung – kaum jemand, besonders aus den jüngeren Zielgruppen, liest mehr regelmäßig Printmedien. Trotzdem können Zeitungen und Magazine weiterhin als Kanäle zur Veröffentlichung der Stellenanzeigen genutzt werden, denn die allermeisten von ihnen – so auch die oben genannten – gibt es mittlerweile in einer Onlineversion, teilweise sogar mit eigener Online-Stellenbörse.

Für die digitale Publikation und Verbreitung von Stellenanzeigen bietet das Internet Kulturbetrieben schier unendliche Möglichkeiten (Henze, 2011), weswegen dieser Form der Personalbeschaffung – dem sogenannten E-Recruiting – auch ein eigenständiges Unterkapitel gewidmet wird (siehe Abschn. 3.2.4). Hier sei lediglich darauf hingewiesen, dass Kulturbetrieben neben der Ausschreibung vakanter Stellen auf der eigene Website auch zahlreiche allgemeine (z. B. *Indeed, StepStone* oder *Monster*) wie auch kulturbetriebsspezifische Portale (z. B. die Stellenbörsen von *Kulturmanagement.net*, dem *Deutschen Museumsbund* oder dem *Deutschen Bühnenverein*) zu Verfügung stehen. Auch Social-Media-Kanäle können bei der Veröffentlichung von Stellenausschreibungen von Nutzen sein.

3.2.2 Findungskommissionen

Wie im vorstehenden Kapitel beleuchtet, werden die meisten Stellen im Kulturbetrieb mithilfe einer Stellenanzeige ausgeschrieben. Insbesondere das Recruiting für Schlüsselpositionen, wie z. B. auf der Führungsebene – und zwar sowohl im künstlerischen, wissenschaftlichen als auch im kaufmännischen Bereich – erfordert allerdings häufig zusätzliche Maßnahmen. Eine davon ist die Bildung einer *Findungskommission*. Dieses Instrument stellt eine weitere Besonderheit des Recruitings im Kulturbereich dar – in kaum einer anderen Branche sind Findungskommissionen so fest verankert.

Größe, Aufgabe und Zusammensetzung
Eine Findungskommission besteht typischerweise aus vier bis acht Personen – beteiligt werden zumeist Gremienmitglieder eines Kulturbetriebs (z. B. Mitglieder des Trägers, Verwaltungs-/Stiftungsrat), fachkundige externe Berater/innen (Vertreter/innen entsprechender Verbände, z. B. Museumsbund oder Deutscher Bühnenverein, Expert/innen aus der Wissenschaft, Personalberater/innen) sowie ausgewählte Führungskräfte des Kulturbetriebs (z. B. aus Vorstand, Direktion, Geschäftsführung). Die Zusammensetzung der Kommission ist von der Sparte,

der Größe der Institution sowie vom zeitlichen und organisatorischen Rahmen des Besetzungsprozesses abhängig. Mit Blick auf die Größe der Findungskommissionen wird regelmäßig versucht, die Gruppe der Entscheider/innen möglichst klein zu halten, um den Kreis der „Mitwissenden" zu begrenzen. Grund hierfür ist, dass die „Wunsch-Kandidat/innen" zum Zeitpunkt des Findungsverfahrens häufig noch anderenorts verpflichtet sind – und die Arbeitswelt in der Kultur insgesamt klein und überschaubar ist („man kennt sich"). Daher ist es oftmals nicht erwünscht, dass die Namen der Auserwählten an die Öffentlichkeit bzw. in die Feuilletons gelangen – dies könnte besonders für jene Kandidat/innen unglücklich sein, die die Stelle schlussendlich nicht erhalten und damit in ihrer beruflichen Reputation beschädigt werden könnten (u. a. Henze, 2013).

Das Findungsverfahren
Um die Arbeit einer Findungskommission greifbarer zu machen, soll diese im Folgenden beispielhaft illustriert werden:

• Das Findungsverfahren beginnt – ähnlich wie der allgemeine Recruiting-prozess – mit einer Art Vorphase: Am Anfang, noch vor der Bildung der eigentlichen Findungskommission, sollte zunächst die Klärung der Vertrags-laufzeit sowie die Erarbeitung einer detaillierten Stellenbeschreibung und eines Anforderungsprofils für die zu besetzende Stelle stehen. Auch sollte zu diesem Zeitpunkt das Verfahren als Ganzes sorgfältig geplant werden. Zu beantworten sind hierbei Fragen nach der Anzahl der Auswahlrunden, der Größe und Zusammensetzung der Findungskommission wie auch nach dem generellen Zeithorizont des Findungsprozesses.

• Die eigentliche Arbeit der Findungskommission beginnt mit der Ansprache, Diskussion und Auswahl von Kandidat/innen, die für die zu besetzende Stelle infrage kommen. In manchen Fällen haben in dieser Phase des Prozesses auch weitere Mitarbeiter/innen des Kulturbetriebs die Möglichkeit, Vorschläge ein-zubringen. Anschließend erfolgt die Einladung der Kandidat/innen. Parallel werden die Bewerber/innen gesichtet, die sich auf die öffentliche Aus-schreibung beworben haben. Am Ende steht also eine Kandidatenliste, die sich aus eingegangenen Bewerbungen und angesprochenen Persönlichkeiten zusammensetzt und deren Ranking die vorab festgelegten Auswahlkriterien berücksichtigt.

• Im Anschluss an die erste Auswahl der Kandidat/innen erfolgt das eigentliche Auswahlverfahren. Dieses kann – je nach individueller Planung – aus einer oder mehreren Stufen bestehen. Die inhaltliche Ausrichtung der Auswahlrun-den ist stark von der zu besetzenden Position abhängig. Wird beispielsweise eine neue künstlerische Leitung für einen Orchesterbetrieb gesucht, kann das Verfahren zunächst mit einer Art Praxistest beginnen (z. B. mit einer Orchesterprobe). Bei der Besetzung wissenschaftlicher oder managementorientierter Stellen werden Gespräche geführt, bei denen es u. a. um die (künstlerisch-inhaltliche, ökonomische etc.) Vision der Kandidat/innen für die entsprechende Kulturinstitution geht.

- Nach erfolgreicher Durchführung der Auswahlrunden werden die Ergebnisse der Tests bzw. Gespräche von der Findungskommission diskutiert. Als Ergebnis dieser Diskussion wird ein/e Favorit/in benannt und über die Entscheidung in Kenntnis gesetzt. Sagt die ausgewählte Person zu und sind die Vertragsverhandlungen abgeschlossen, wird die Entscheidung öffentlich gemacht und die neue Führungskraft offiziell berufen. Die anderen Bewerber/innen werden im Rahmen eines professionellen Absagemanagement entsprechend wertschätzend informiert.

Aus der Beschreibung dieses beispielhaften Prozesses wird deutlich, dass die Arbeit einer Findungskommission nicht nur höchst komplex, sondern auch sehr zeitaufwendig ist und gut geplant sein will. Dies empfiehlt sich auch insbesondere vor dem Hintergrund, dass die Besetzung von Führungspositionen besonders entscheidend für den langfristigen Erfolg einer Institution ist. Es handelt sich daher um eine sinnvolle Investition, wenn Fehlentscheidungen durch eine professionelle und systematische Vorgehensweise vorgebeugt wird: „Schließlich geht es bei einer Personalentscheidung um viel Geld, und ich meine hier in erster Linie nicht die Gehälter. Wenn man sich überlegt, was die Personen an Nutzen oder Schaden für die Institution bringen können, dann geht es meistens um eine siebenstellige Summe. Und da lohnt es sich schon, viel Zeit zu investieren, um die richtige Auswahl zu treffen. Vielen ist das so nicht bewusst, das finde ich aber fast schon fahrlässig" (Scheytt, 2020).

Eine Findungskommission der anderen Art
Im Zuge einer zunehmenden Demokratisierung – auch von personalpolitischen Prozessen – im Kulturbereich zeigen sich derzeit Bestrebungen, die gesamte Mitarbeiterschaft oder deren gewählte (Interessens-)Vertreter/innen zu Vorschlägen für ihre künftige Führungskraft zu ermutigen und sie stärker aktiv in den Entscheidungsprozess mit einzubeziehen. Das *Theater Krefeld und Mönchengladbach* bekommt mit Christoph Roos im Jahr 2022 einen neuen Schauspieldirektor. An sich keine Sensation, sondern

ein ganz normaler Personalwechsel am Theater. Mit Blick auf den Auswahlprozess wird allerdings deutlich, dass sich dieser stark von viele
anderen in der Theaterbranche unterscheidet: Das Ensemble des Hauses
wurde aktiv in die Personalentscheidung einbezogen – so entstand eine
Findungskommission der anderen Art. Wie aber ging dieser spezielle Fin-
dungsprozess vonstatten? Der designierte Schauspieldirektor Roos wurde
dem Ensemble zunächst vom Generalintendanten Michael Grosse vorgeschlagen. Anschließend entwickelte das Ensemble Fragenkataloge, führte
Auswahlgespräche, diskutierte immer wieder miteinander und fällte schlussendlich die Entscheidung. „Indem er die Personalentscheidung in die
Hände des Schauspiels gelegt hat, setzt Grosse vor dem Hintergrund der
Debatte um Machtmissbrauch an den Theatern ein ganz klares Zeichen",
heißt es in einer Pressemitteilung des Theaters (Theater Krefeld Mönchengladbach, 2021). Ein solches Vorgehen erfordert allerdings sowohl
einen großzügigen Zeithorizont als auch die Bereitschaft, Kompetenzen
und Verantwortung an nachgelagerte Hierarchieinstanzen abzugeben (in
diesem Fall durch den Generalintendanten). Dass sich das Wagnis gelohnt
habe, begründet das Theater u. a. damit, dass der Zusammenhalt im Haus
nachhaltig gestärkt worden sei.

3.2.3 Personalberatungen und -agenturen

Die bisherigen Ausführungen haben deutlich gemacht, dass es keine einfache Aufgabe ist, einen Recruitingprozess strukturiert und effizient zu gestalten – dies
gilt umso mehr, wenn es, wie in vielen Kulturbetrieben der Fall, kein strategisches Personalmanagement und keine professionellen Verfahrensrichtlinien für die
Personalgewinnung gibt (z. B. systematisch umgesetzt in einer Abteilung Verwal-
tung/Personal). In einem solchen Fall kann es sinnvoll sein, sich externe Hilfe zu
holen: Entweder von öffentlichen Agenturen der Arbeitsvermittlung oder anderen professionellen Dienstleistern aus Wissenschaft und Praxis (Hausmann, 2013;
Henze, 2013). Die verschiedenen Möglichkeiten werden im Folgenden vorgestellt.

- Als Körperschaft des öffentlichen Rechts bietet die *Bundesagentur für Arbeit* Arbeitgebern verschiedene Arten der Unterstützung an: Zum einen können Betriebe in einer *Bewerberbörse* Arbeitssuchende mit passenden Profilen finden. Zum anderen besteht die Möglichkeit die Stellenbörse der Bundesagentur für die Ausschreibung vakanter Stellen zu nutzen. Zudem können Institutionen kostenfrei den sogenannten *Arbeitgeber-Service* (Bundesagentur für Arbeit, 2021) nutzen: Hierbei werden z. B. Beratungsleistungen in den Bereichen der Personalsuche wie auch zum Umgang mit der aktuellen Arbeitsmarksituation angeboten.
- Auch *private Agenturen* und *Beratungen* bieten vielfältige Dienstleistungen an (Kanning, 2017). Einige sind beispielsweise im Bereich des *Headhuntings* bzw. der *Executive Search* spezialisiert (z. B. *Kienbaum, Kulturexperten Dr. Scheytt GmbH*). Hierunter wird die *direkte* Ansprache von Personen bezeichnet, die für eine zu besetzende Position in Schlüsselbereichen infrage kommen. Diese Art der *aktiven* Personalsuche wird v. a. für Stellen auf der ersten (z. B. Direktion, Geschäftsführung) und zweiten (z. B. Abteilungsleitung) Führungsebene angewendet. Ziel ist es hierbei, qualifizierte Personen, die in anderen Organisationen in relevanten Positionen arbeiten, gezielt und diskret anzusprechen und ggf. abzuwerben.
- Auch in der Kulturmanagementforschung haben sich mittlerweile die Themen Leadership und Recruiting etabliert (u. a. Henze, 2013; Hausmann, 2019a; Schmidt, 2020). V. a. Wissenschaftler/innen, die an der Schnittstelle zwischen Anwendungs- und Forschungsorientierung arbeiten, kommen infrage, wenn es um die fundierte Begleitung von Recruitingprozessen in Kulturbetrieben geht (für mehr Informationen vgl. z. B. *Institut für Kulturmanagement, PH Ludwigsburg*)

Externe Expert/innen können Kulturbetriebe jedoch nicht nur bei der Suche nach Führungskräften, sondern auch insgesamt beim *Recruitingprozess* unterstützen (z. B. als Mitglied in Findungskommissionen). Je nach Notwendigkeit – sowie häufig in Abhängigkeit der finanziellen Ressourcen, die der jeweiligen Kulturinstitution zur Verfügung stehen – können weitere Dienstleistungen in den verschiedenen Phasen des Recruitingprozesses in Anspruch genommen werden. So beraten die Expert/innen aus Wissenschaft und Praxis beispielsweise in den Bereichen.

- Erstellung von Anforderungsprofilen und Stellenausschreibungen,
- angemessene Vergütung von Fach- und Führungskräften oder auch

- Vorauswahl geeigneter Kandidat/innen, Teilnahme an Auswahlgespräche, Unterstützung bei der finalen Entscheidung.

Für Kulturbetriebe kann eine solche externe Unterstützung (in Teilen oder gänzlich) immer dann sinnvoll sein, wenn entsprechende Kompetenzen im Kulturbetrieb größtenteils bzw. gänzlich fehlen oder nicht ausreichend (zeitliche, personelle) Ressourcen im Betrieb zur Verfügung stehen. Ein solches Vorgehen schließt die Einbindung bestimmter Personen aus der Institution allerdings nicht aus – vielmehr im Gegenteil werden Führungskräfte sowie ggf. weitere Mitarbeiter/innen in bestimmte Prozessschritte (z. B. Auswahlgespräche) mit eingebunden, damit es am Ende trotz aller externer Unterstützung eine Entscheidung der ausschreibenden Institution war.

Der Erfolg der Zusammenarbeit mit externen Dienstleistern hängt dabei von verschiedenen Faktoren ab:

- Zum einen müssen Kulturbetriebe bereit sein, Geld in die Professionalisierung ihres Recruitings zu investieren (i. d. R. 10 % des Bruttojahresgehalts der zu besetzenden Stelle; Kulturpersonal, 2021a).
- Zum anderen müssen sie bereit sein, ein Stück der Kontrolle über den Prozess abzugeben – ein solides Vertrauensverhältnis zu den externen Expert/innen und eine transparente Kommunikation der Ansprüche und Wünsche des Kulturbetriebs sind dabei besonders wichtig.
- Aus diesem Grund müssen auf externer Seite bestimmte Voraussetzungen erfüllt sein; hierzu gehören v. a. sehr gute Branchenkenntnisse, ein weitreichendes Netzwerk, nachweisliche Erfahrung aus vergleichbaren Prozessen und eine überzeugende Persönlichkeit.

Externe Unterstützung bei der Besetzung von Doppelspitzen

Zu einer der besonders großen Herausforderungen im Recruiting von Kulturbetrieben gehört die Besetzung von Doppelspitzen, die meist in Form einer kaufmännischen und einer künstlerischen bzw. inhaltlichen Geschäftsführung auftreten. Häufig handelt es sich dabei um eine unechte Doppelspitze, d. h. die künstlerisch-inhaltliche Führungskraft verantwortet die finale Entscheidung (Hausmann, 2019a). Die Besetzung von Doppelspitzen kann einerseits durch Neuausschreibung erfolgen (beide Positionen werden gleichzeitig besetzt) und andererseits durch Nachfolgeregelung (eine Position ist frei geworden, die andere bleibt besetzt). Beide Besetzungsprozesse, aber besonders die letztgenannte Konstellation erfordern Sachkenntnis, Fingerspitzengefühl und Erfahrung: „Wenn man Personen zueinander führt, die sich noch gar nicht kennen, muss man sich genau überlegen, wie sie sich kennenlernen können. Hier ist auch die Frage, ob die eine Spitze, die schon da ist, in den Auswahlprozess mit einbezogen wird als beratende oder gar entscheidende Persönlichkeit, vielleicht mit Vetorecht? (…) Und es wird offensichtlich, dass man sich früh über die Machtkonstellation Gedanken machen muss. Denn wenn ich eine kaufmännische Geschäftsführerin oder einen Geschäftsführer suche und die künstlerische Leitungsperson schon da ist, gar mit Vetorecht, gebe ich dieser Person nicht nur einen Vertrauensvorschuss, sondern auch einen Machtvorschuss. (…) Umgekehrt, wenn die Person gar nicht fragt, wer als zweite Spitze kommt, dann macht man auch Fehler" (Scheytt, 2020).

3.2.4 E-Recruiting

Die Digitalisierung spielt in allen Bereichen zeitgemäßer Kulturarbeit eine entscheidende Rolle: Kaum eine Kulturinstitution kommt heutzutage noch ohne digitale Angebote aus, insbesondere im Kulturmarketing und der Kulturvermittlung. Doch auch betriebliche Abläufe werden zunehmend digitaler gestaltet – das gilt auch für das Recruiting. Die Digitalisierung des gesamten Recruiting-Prozesses mit dem Ziel der Vereinfachung aller damit verbundenen Vorgänge (sowohl für die Arbeitgeber als auch für die Bewerber/innen) wird allgemein unter dem Begriff *E-Recruiting* zusammengefasst (Stock-Homburg & Groß, 2019).

Instrumente des E-Recruitings können in allen Phasen des Beschaffungsprozesses zum Tragen kommen und bieten Kulturbetrieben zahlreiche Optionen, ihre Besetzungsverfahren zu professionalisieren. Bei der Ausschreibung und Verbreitung vakanter Stellen und dem Employer Branding kann beispielsweise auf zahlreiche bestehende Kanäle zurückgegriffen werden (z. B. die eigene Website, Karrierenetzwerke oder Social Media).

Ebenso können die Auswertung und Verwaltung von Bewerberdaten mithilfe digitaler Tools (z. B. spezieller Recruiting-Software von Anbietern wie *softgarden*, *Recrutee* oder *Personio*) transparenter und effizienter organisiert werden. Zudem besteht die Möglichkeit, digitale Personalakten sowie Bewerber/innenpools anzulegen, um so ggf. zu einem späteren Zeitpunkt auf bestimmte interessante Kandidat/innen zurückgreifen zu können. Hierbei ist es allerdings wichtig zu beachten, dass die Bewerberin/innen der Aufbewahrung und Verarbeitung ihrer persönlichen Daten für mehr als sechs Monate nach Abschluss des Bewerbungsverfahrens explizit zustimmen müssen – hier gelten die rechtlichen Grundlagen des Allgemeines Gleichbehandlungsgesetzes (AGG) und des Bundesdatenschutzgesetztes (BDSG).

Grundsätzlich gilt, dass die Umstellung auf E-Recruiting Kulturbetrieben wesentliche *Vorteile* bieten kann:

- An erster Stelle steht die Möglichkeit, den gesamten Recruitingprozess grundlegend effizienter und transparenter zu gestalten. Hierdurch werden langfristig gesehen sowohl personelle als auch finanzielle Ressourcen im Kulturbetrieb geschont.
- Zudem kann die Nutzung von E-Recruiting-Instrumenten die Wahrnehmung der Employer Brand positiv beeinflussen: Kulturbetriebe, die z. B. ein vollständig digitales Bewerbungsverfahren anbieten, werden, als moderne Arbeitgeber wahrgenommen, v. a. bei jüngeren Arbeits- und Fachkräften.

Die schier unendlichen Möglichkeiten des E-Recruitings können allerdings auch zum *Nachteil* werden:

- Fehlt es im Kulturbetrieb an Know-How im Bereich des strategischen Personalmanagements, z. B. aufgrund fehlender organisatorischer Ausstattung (etwa einer Personalabteilung), kann es schnell zur Überforderung kommen.
- Auch fallen für die technische Umsetzung des E-Recruitings an einigen Stellen zunächst Mehrkosten an, beispielsweise bei der Anschaffung spezieller Recruiting-Software.
- Zudem müssen sich Mitarbeiter/innen der Personalabteilungen ggf. in die Nutzung neuer Software einarbeiten, was – je nachdem, welcher Anteil des Prozesses digitalisiert werden soll – aufwendig sein kann.

Trotz der genannten Schwierigkeiten ist der hohe Nutzen des E-Recruitings unumstritten (Weitzel et al., 2020a). Ebenso gibt es Möglichkeiten, digitale Instrumente und Kanäle mit verhältnismäßig wenig Aufwand in bestehende Strukturen und Strategien einzubinden. Im Folgenden werfen wir daher einen Blick auf drei Kanäle, die sich in diesem Sinne besonders gut für die Kulturbetriebspraxis eignen: Karrierewebsites, Social Media und Karrierenetzwerke.

Karrierewebsites
Ein erster Schritt in der Digitalisierung des Recruitings von Kulturbetrieben
ist die Veröffentlichung von Stellenanzeigen im Internet. Hierbei gibt es zwei
wesentliche Kanäle, die infrage kommen:

- An erster Stelle steht die eigene *Website* – ein Kanal der von den allermeisten
  Institutionen bereits genutzt wird. Allerdings geschieht dies bislang v. a. im
  Rahmen von Marketing und Vermittlung. Verbesserungspotenzial zeigt sich
  hingegen im Hinblick auf die Personalgewinnung: So ist die Veröffentlichung
  ausgeschriebener Stellen auf Kulturbetriebswebsites zwar mittlerweile gängige
  Praxis, mitunter aber sind die Ausschreibungen nur schwer aufzufinden.
- Abhilfe kann eine eigene *Karrierewebsite* (auch Karriereseite) bieten. Als
  Karriereseiten werden Unterseiten auf der Website eines Kulturbetriebs verstanden, auf denen dieser Informationen über sich als Arbeitgeber, offene
  Stellen und Entwicklungsmöglichkeiten innerhalb der Institution gibt. Diese
  zählen mittlerweile zu den primären Informationsquellen potenzieller, v. a.
  jüngerer und gut qualifizierter Bewerber/innen (Knabenreich, 2021). Dabei
  zeigt eine Studie des Recruiting-Software-Dienstleisters *softgarden,* dass den
  Bewerber/innen auf inhaltlicher Ebene Informationen über Weiterbildungs-
  oder Aufstiegsmöglichkeiten ebenso wichtig sind wie Angaben zu Werten
  und der Kultur innerhalb der Institution (Knabenreich, 2021). Karriereseiten
  können damit sowohl der Streuung von Stellenanzeigen als auch der Kommunikation der Employer Brand dienen. Zentral ist eine gute Auffindbarkeit der
  Karriereseite innerhalb der Websitestruktur: Bestenfalls sollte sich die Seite auf
  der ersten, mindestens aber auf der zweiten Navigationsebene befinden. Karriereseiten können allerdings nicht nur zur Bereitstellung von Informationen
  und der Positionierung als attraktiver Arbeitgeber, sondern auch zur Initia-
  tion und Vereinfachung einer Bewerbung dienen: Im Idealfall können sich
  Kandidat/innen direkt auf der Website bewerben.

Karriereseiten zur Aufwertung der Candidate Journey
Während die Veröffentlichung von Stellenausschreibungen auf der eigenen
Website mittlerweile Standard im Recruitingprozess der allermeisten Kul-
turbetriebe ist, so suchen Bewerber/innen nach einer Karriereseite allerdings
in den meisten Fällen vergebens. Kulturbetriebe lassen hier eine wertvolle
Chance ungenutzt, sich als attraktiver Arbeitgeber zu positionieren und die

Candidate Journey (vgl. Kap. 4) stärker zu steuern. Wie es anders geht zeigt das *Goethe-Institut:* Eine eigene Karriereseite wurde hier als Unterseite des Reiters „Über uns" angelegt und ist somit schnell und einfach aufzufinden. Interessierte finden hier zunächst Informationen zum Goethe-Institut als Arbeitgeber, insb. zu Benefits, den Recruiting-Zielgruppen, Aufgabengebieten innerhalb des Instituts und dem Bewerbungsprozess.

Ebenso werden Statements von derzeitigen Mitarbeiter/innen des Goethe-Instituts präsentiert, die als „Insider/innen" über die Arbeit in der Institution berichten: „Ich sehe bei meinem Arbeitgeber vor allem die Möglichkeit, meine verschiedensten Fähigkeiten und Kenntnisse einzubringen. Das Goethe-Institut kann da ein sehr befriedigender Arbeitgeber sein, der seinen Mitarbeiterinnen und Mitarbeitern Abwechslung und viel Gestaltungsspielraum bietet" (Goethe-Institut, 2021a). Ebenso gibt es eigene Unterseiten für die einzelnen Recruiting-Zielgruppen (Studierende und Schulabgänger/innen, Hochschulabsolvent/innen, Fachkräfte und Führungskräfte), sodass potenzielle Bewerber/innen relevante Informationen – je nach ihrem derzeitigen Status – finden können. Für potenzielle Führungskräfte gibt es ein besonderes „Schmankerl" in Form eines Selbsttests: Durch die Beantwortung von insgesamt 43 Fragen können interessierte Führungskräfte im Vorfeld testen, ob eine Führungsposition im Goethe-Institut (inkl. der damit verbundenen Konditionen wie z. B. eine Versetzung ins Ausland) zu ihnen passt (Goethe-Institut, 2021b).

Auch der Einsatz von künstlicher Intelligenz ist im Kulturbereich keine reine Zukunftsmusik mehr: Das *Goethe-Institut* diskutierte beispielsweise bereits im Jahr 2019 den Einsatz von sogenannten „Recruiting Bots" (Goethe-Institut, 2019). Hierbei handelt es sich i. d. R. um Chatbots, die z. B. auf Karriereseiten eingesetzt werden: Bewerber/innen haben dann die Möglichkeit dem Chatbot Fragen zu freien Stellen oder auch zur Organisation zu stellen. Künftig sollen Recruiting Bots weitere Funktionen bekommen und beispielsweise auch Auskünfte zum Bewerbungsstatus geben können (Christ & Fiebig, 2018).

Social Media: Instagram, Facebook & Co
Ein Kanal, den Kulturarbeitgeber im Kontext des Recruitings in den vergangenen Jahren zunehmend für sich entdeckt haben, ist die eigene Social Media Präsenz.

Wenn von Social Media die Rede ist, kann zwischen zwei Arten von Anwendungen unterschieden werden (Weitzel et al., 2020c), auf die im Weiteren jeweils etwas ausführlicher eingegangen wird:

- Solche, die von der Zielgruppe (hier: potenzielle Bewerber/innen) hauptsächlich *privat* genutzt werden (z. B. Facebook, Twitter, Instagram) und
- designierte Karrierenetzwerke, die in erster Linie *beruflich* genutzt werden (z. B. LinkedIn und XING).

Hauptsächlich privat genutzte soziale Netzwerke wie Facebook, Instagram und Twitter können Kulturbetrieben zunächst als Kanal zur Veröffentlichung von Stellenanzeigen dienen. Da unter 30 Jährige unter den Social Media-Nutzer/innen sehr stark vertreten sind (Statista, 2021), eignet sich dieses Vorgehen besonders dann, wenn Nachwuchskräfte erreicht werden sollen (z. B. für die Besetzung von Einstiegspositionen). Auch kann es sinnvoll sein, sich über Social Media mit externen Partner/innen, wie z. B. Branchenverbänden oder Hochschulen, zu vernetzen: Diese können als Multiplikatoren wirken und etwa durch das Teilen einer Stellenanzeige auf ihrer eigenen Seite dazu beitragen, dass sich die Reichweite geposteter Stellenanzeigen erhöht.

Die Potenziale von Social Media voll ausschöpfen
Um die richtige Zielgruppe einer Stellenausschreibung anzusprechen, müssen die Kanäle, über die die Ausschreibung geteilt wird, wie auch der Schreibstil aufeinander abgestimmt sein. Wie dies gelingen kann, zeigt das Stuttgarter *Theater Rampe*. Auf seinen Social Media-Kanälen (Facebook und Instagram) verwies das freie Theater im März 2021 auf eine Ausschreibung für ein Freiwilliges Soziales Jahr (FSJ) Kultur. Der zugehörige Post wie auch die Ausschreibung richteten sich an junge Menschen (Schüler/innen, Schulabgänger/innen oder auch Studierende). Der Stil des Posts war dementsprechend informell und von der direkten persönlichen Ansprache potenzieller Bewerber/innen geprägt, wie die folgende Passage zeigt: „Ob Bühne, Büro, Bar oder Baustelle – beim FSJ am Theater Rampe kannst du alle Facetten eines Theaters kennenlernen. Sogar in Zeiten des Lockdowns gibt es genug zu sehen und genug zu tun für uns FSJler*innen. […] Hast du Lust, die Presse- und Öffentlichkeitsarbeit und Produktion oder die Technikabteilung eines Theaters kennenzulernen?" (Theater Rampe, 2021).

Trotz der Kürze des Beitrags enthielt der gepostete Text alle für die anvisierte Zielgruppe relevanten Informationen (mögliche Arbeitsbereiche und Aufgaben wie auch Informationen zum Bewerbungsportal und zur Bewerbungsfrist). Der Post endete zudem mit dem Aufruf an die Community, den Beitrag weiter zu teilen – ein solcher Hinweis kann sinnvoll sein, um die Gruppe der erreichten Personen weiter zu vergrößern. Ein gutes Beispiel dafür, wie die Potenziale von Stellenausschreibungen auf Social Media voll ausgeschöpft werden können.

Auch *Social Media Apps* können in die Employer Branding-Strategie von Kulturbetrieben eingebunden werden: So kann ein Blick hinter die Kulissen (z. B. durch die Begleitung von Ausstellungsaufbauten in Museen) gewährt oder das Team vorgestellt werden. Die Arbeit und Mitarbeiter/innen einer Kultureinrichtung auf diese Weise zu portraitieren, kann dazu beitragen, weiche, immaterielle Faktoren wie die Arbeitsatmosphäre im Betrieb für potenzielle Bewerber/innen etwas „greifbarer" werden zu lassen. Eine Kommunikation auf Augenhöhe, wie sie durch die Nutzung von Social Media Apps möglich ist, kann so Unsicherheiten abbauen und im besten Fall Sympathien aufseiten potenzieller Bewerber/innen erzeugen.

Karrierenetzwerke
Karrierenetzwerke wie XING oder LinkedIn fallen zwar auch unter den Oberbegriff Social Media, unterscheiden sich aber grundlegend von den vorstehend besprochenen Netzwerken. Der prägnanteste Unterschied zeigt sich darin, dass Karrierenetzwerke fast ausschließlich dem professionellen Austausch und Networking im digitalen Raum dienen. Dieser Umstand bietet Kulturbetrieben zweierlei Vorteile:

- Zum einen besteht auf entsprechenden Plattformen die Möglichkeit für Kulturbetriebe, sich selbst als Arbeitgeber zu präsentieren. Hierzu kann eine eigene Seite eingerichtet werden, auf der beispielsweise allgemeine Informationen zur Institution, ihrer Ausrichtung und ihrer Mission eingestellt werden können (siehe nachfolgender Infokasten).

Auf LinkedIn präsent sein – aber richtig
Die Nutzung des Karrierenetzwerks LinkedIn als Kanal zur Kommunikation der eigenen Employer Brand einerseits sowie offener Stellen andererseits scheint auch im Jahr 2021 noch nicht flächendeckend im Kulturbereich angekommen zu sein. Zwar gibt es mittlerweile einige Institutionen, die eigene Profile pflegen – allerdings werden diese in vielen Fällen noch nicht wie das E-Recruiting-Instrument behandelt, das sie sein könnten. So fällt bei der Betrachtung vieler LinkedIn-Seiten von Kulturbetrieben auf, dass diese zwar Informationen zum Haus und seiner Ausrichtung aufführen; Informationen zur Institution als Arbeitgeber sind hingegen eine Seltenheit. Stattdessen scheint es, als würde vielerorts die Social Media-Strategie für privat genutzte Netzwerke wie Instagram oder Facebook einfach auf LinkedIn übertragen.

Eine der wenigen Ausnahmen ist das *Museum für Naturkunde Berlin*, dem zum Zeitpunkt unserer Recherche eine professionelle Informationspolitik über seine LinkedIn-Seite gelingt. Denn neben grundlegenden Informationen zum Auftrag des Museums positioniert es sich auch explizit als attraktiver Arbeitgeber: „Das Museum für Naturkunde Berlin ist ein moderner Arbeitgeber, der Beschäftigungen in sehr unterschiedlichen Bereichen anbietet. Als integriertes Forschungsmuseum mit internationaler Ausstrahlung und global vernetzter Forschungsinfrastruktur gibt es laufend zahlreiche Job- und Karriereangebote im wissenschaftlichen Bereich auf allen Karrierestufen: vom Doktoranden bis zur Professur" (Museum für Naturkunde Berlin, 2021). Zudem hat das Museum verschiedenen Stellenanzeigen über das Karrierenetzwerk inseriert, auf die sich Interessierte direkt über LinkedIn bewerben können. So kann die Integration von Karrierenetzwerken in eine E-Recruiting-Strategie wirksam gelingen.

- Zum anderen können über diese Netzwerke Stellenanzeigen geschaltet werden. Die Wahrscheinlichkeit, über die Schaltung von Stellenanzeigen die richtigen Zielgruppen (geeignete Bewerber/innen) zu erreichen, ist durch den explizit professionellen Charakter von Karrierenetzwerken gegenüber eher privat genutzten Netzwerken deutlich erhöht. Grund hierfür ist, dass die User/innen dieser Plattformen in der Regel einen digitalen Lebenslauf auf ihrem Profil hinterlegt haben. Passen die Anforderungen einer im Karrierenetzwerk geteilten Stellenanzeige zum Profil von User/innen, wird die Ausschreibung diesen ggf. sogar automatisch vorgeschlagen.

Darüber hinaus haben Kulturbetriebe die Möglichkeit, über die Suchfunktion der Plattformen direkt nach interessanten Kandidat/innen für vakante Stellen zu recherchieren: Suchen Kulturbetriebe beispielsweise eine Person mit Erfahrung in einem bestimmten Bereich (z. B. Kulturmarketing), kann die gewünschte Kompetenz über die Suchmaschine des jeweiligen Karrierenetzwerks abgefragt werden. Wird eine passende Person gefunden, kann diese beispielsweise per Privatnachricht auf die offene Stelle hingewiesen oder direkt zur Bewerbung aufgefordert werden. Diese Art der Direktansprache – auch *Active Sourcing* genannt (Weitzel et al., 2020c) – stellt für viele Kulturbetriebe ein bislang unbekanntes Recruiting-Tool dar (Hausmann et al., 2020), scheuen brauchen sie sich davor aber nicht: Laut der Studie *Recruiting Trends 2020* möchte jede/r zweite Kandidat/in lieber von einem Betrieb angesprochen werden, als sich aktiv zu bewerben (Weitzel et al., 2020c).

Bewerbermanagement und Candidate Journey

4

Wie bereits in Kap. 1 beschrieben, wandelt sich der Arbeitsmarkt auch im Kulturbereich an vielen Stellen vom Arbeitgeber- zum Arbeitnehmermarkt. Bewerberorientierung während des gesamten Recruitingprozesses ist daher bedeutsamer denn je. Gleichzeitig wird es für Kulturbetriebe immer wichtiger, als attraktive Arbeitgeber wahrgenommen zu werden. Bei der Planung von Recruitingprozessen sollte daher das sogenannte Bewerbermanagement mehr in den Fokus rücken. Hierbei geht es darum, den Bewerbungsprozess (immer auch) aus dem Blickwinkel potenzieller Bewerber/innen zu betrachten und dafür zu sorgen, dass dieser so professionell und transparent wie möglich ist – vom Erstkontakt über die Einladung bzw. Absage bis hin zum Onboarding. Bewerberzufriedenheit – mit dem Verfahren, nicht zwingend mit dem Ergebnis – ist oberstes Ziel des Bewerbermanagements. Da dieses *essential* das Ziel verfolgt, sich dem Thema Recruiting ganzheitlich zu nähern, wird in diesem letzten Kapitel der Fokus noch einmal stärker auf die Perspektive der Bewerber/innen gelegt.

Kern des Bewerbermanagements ist der Versuch, die Erfahrungen, die Kandidat/innen innerhalb des Bewerbungsprozesses mit dem Kulturbetrieb machen, qualitativ so zu steuern, dass – unabhängig vom Ausgang des Verfahrens – bei den Kandidat/innen ein positiver, professioneller Eindruck zurückbleibt. Diese Erfahrungen werden an sogenannten *Kontaktpunkten* gemacht – also an allen Stellen, an denen Kandidat/innen mit der Organisation in Berührung kommen. Streben Kulturbetriebe die Implementierung eines strategischen Bewerbermanagements an, ist es demnach zunächst notwendig, möglichst viele dieser Kontaktpunkte zu identifizieren. Hierfür kann es hilfreich sein, die einzelnen Schritte des Bewerbungsprozesses aus Kandidatensicht zu skizzieren. Das Ergebnis wird auch als *Candidate Journey* (Verhoeven, 2016; Wald & Athanas, 2017) bezeichnet.

© Der/die Autor(en), exklusiv lizenziert durch Springer Fachmedien Wiesbaden GmbH, ein Teil von Springer Nature 2021
A. Hausmann und O. Braun, *Recruiting in Kulturbetrieben – Leitfaden für die erfolgreiche Personalgewinnung,* essentials,
https://doi.org/10.1007/978-3-658-35419-0_4

Tab. 4.1 Mögliche Kontaktpunkte innerhalb des Recruitingprozesses im Kulturbetrieb

Phase	Kontaktpunkte
Vor	Erstkontakt: • Stellenanzeige • Kulturangebote (z. B. Museums- oder Konzertbesuche) Recherche weiterführender Informationen: • Website des Kulturbetriebs • Karriereseite des Kulturbetriebs • Arbeitgeberbewertungsplattformen • Aktuelle Beschäftigte • Ehemalige Beschäftigte • Ansprechperson für Bewerber/innen im Kulturbetrieb
Während	Bewerbungsphase: • Eingangsbestätigung • Updates über den Prozess • Einladung zum Auswahlverfahren Auswahlprozess: • Empfang durch Mitarbeiter/in, die die Kandidatin/den Kandidaten zum Gespräch begleitet • Strukturiertes Interview, Atmosphäre • Bereitstellung von Getränken Bewirtung • Versorgung mit Informationen zum weiteren Verlauf des Prozesses
Nach	Zu- bzw. Absage: • Zeitnahe Zu- bzw. Absage • Zeitnahe Vertragsverhandlungen/Vertragsunterschrift Zwischen Vertragsunterzeichnung und Eintritt: • Neue Arbeitskraft wird zu Veranstaltungen der Institution eingeladen • Neue Arbeitskraft wird den zukünftigen Kolleg/innen vorgestellt • Neue Arbeitskraft erhält Informationen zur Einarbeitung

Typischerweise wird diese Candidate Journey in drei Phasen unterschieden: vor, während und nach dem Bewerbungsprozess. Für diese drei Phasen lassen sich typische Kontaktpunkte identifizieren, die in Tab. 4.1 überblicksartig dargestellt und anschließend im Rahmen einer fiktiven Candidate Journey erklärt werden.

Um einen konkreten Einblick geben zu können, wie die Identifikation relevanter Kontaktpunkte für Kulturbetriebe aussehen kann, wird im Folgenden eine mögliche Candidate Journey am Beispiel einer Bewerbung im Museum skizziert:

Vor dem Bewerbungsprozess:
Alles beginnt mit einem Erstkontakt – dem Zeitpunkt, an dem potenzielle Kandidat/innen zum ersten Mal auf das Museum als Arbeitgeber aufmerksam werden.

Ein erster Kontaktpunkt kann hierbei eine Stellenanzeige, aber auch der Besuch einer Ausstellung oder die Teilnahme an einem Vermittlungsangebot des Museums sein. Ist das Interesse der Kandidat/innen geweckt, werden sie versuchen, weitere Informationen über das Museum als Arbeitgeber einzuholen. Als Informationsquellen – und somit auch als Kontaktpunkte – kommen hierbei u. a. die in der Stellenanzeige gelistete Ansprechperson in der Institution, Arbeitgeberbewertungsplattformen im Internet (z. B. *kununu*) oder die Museumswebsite infrage. Um an dieser Stelle bereits einen guten Eindruck zu machen kann es sinnvoll sein, wenn das Museum eine eigene Karriereseite einrichtet (siehe Abschn. 3.2.4). Allgemein gilt: Je mehr Informationen das Museum über sich als Arbeitgeber verfügbar macht, desto besser lässt sich der erste Eindruck der Kandidat/innen steuern.

Während des Bewerbungsprozesses:
Waren die ersten Erfahrungen mit dem Museum als potenziellem Arbeitgeber zufriedenstellend, entschließen sich die Interessent/innen zu einer Bewerbung – der Bewerbungsprozess beginnt. Im besten Fall kann die Bewerbung digital (z. B. über ein Bewerbungsportal oder per E-Mail) eingereicht werden. Im Anschluss erhalten die Bewerber/innen eine Eingangsbestätigung. Sollte die Durchsicht der eingegangenen Bewerbungen länger als angekündigt dauern, erhalten die Bewerber/innen ein Prozessupdate von der Personalabteilung des Museums per E-Mail. Schließlich erfolgt die Einladung zum Auswahlverfahren.

Am Tag des Bewerbungsgesprächs werden die Bewerber/innen von einer/einem Mitarbeiter/innen des Museums empfangen und zum Gespräch begleitet. Es folgt ein strukturiertes Interview in einer angenehmen und respektvollen Atmosphäre. Den Bewerber/innen wird z. B. ein Getränk (z. B. Wasser, Kaffee, Tee) angeboten. Am Ende des Interviews wird der Zeitpunkt der Entscheidung genannt bzw. weitere Informationen zu weiteren Stufen des Verfahrens werden gegeben.

Zeitnah im Anschluss an das Bewerbungsgespräch erfolgen die Zu- und Absagen. Die Wichtigkeit von Rückmeldungen – ob im Sinne einer Eingangsbestätigung oder einer Zu- bzw. Absage – sollte keinesfalls unterschätzt werden: Das Warten auf Rückmeldung wird von Kandidat/innen mit Abstand als unangenehmster Teil des Bewerbungsprozesses wahrgenommen (Weitzel et al., 2020b). Auch ist es essenziell allen Kandidat/innen abzusagen, auch wenn diese es nicht in die engere Auswahl geschafft haben. Hinweise von Museumsseite, die proklamieren, man könne Bewerber/innen, deren Bewerbungen von vornherein aussortiert wurden, aus Zeitgründen keinerlei Rückmeldungen geben, sind nicht mehr zeitgemäß und erwecken keinen professionellen Eindruck. Hier gilt: Besser eine freundliche Standardabsage als (ein als respektlos empfundenes) Schweigen.

Nach dem Bewerbungsprozess:
Als Teil des Recruitingprozesses schließt das Bewerbermanagement das Onboarding wie auch die Bindung neuer Beschäftigter mit ein (vgl. Abschn. 2.4). In diesem Sinne sollten Museen auch nach einem erfolgreichen Vertragsabschluss – beispielsweise, wenn das Eintrittsdatum der neuen Arbeitskraft noch einige Monate in der Zukunft liegt – den persönlichen Kontakt halten und z. B. zu einem Besuch oder zu einer Veranstaltung einladen und erste Informationen zur geplanten Einarbeitung geben.

An dieser Stelle wird noch einmal der ganzheitliche Charakter des Bewerbermanagements, ebenso wie die enge Verzahnung von Bewerbermanagement und Employer Branding deutlich (Wagner, 2021): Beide sind strategisch und langfristig angelegt – und sie bedingen sich gegenseitig. Machen Bewerber/innen beispielsweise eine schlechte Erfahrung in einem Bewerbungsgespräch, so kann sich dies negativ auf die Wahrnehmung der gesamten Employer Brand auswirken. Denn nicht zuletzt bekommen Kandidat/innen während des Recruitingprozesses erstmals einen Eindruck von der Institution als Arbeitgeber (vgl. Kap. 4).

Kritische Bewertungen auf kununu ernst nehmen
Das Internet vergisst nicht – das werden spätestens seit der Gründung der Arbeitgeberbewertung *kununu* im Jahr 2007 auch allerhand Kulturbetriebe festgestellt haben. Auf dem Portal können sowohl Bewerber/innen als auch derzeitige und ehemalige Mitarbeiter/innen ihre Arbeitgeber bewerten. Die Kriterien sind vielfältig – von Karrierechancen und Gehaltsniveau über die Unternehmenskultur bis hin zur Diversität der Mitarbeiterschaft (kununu, 2021a). Kulturbetriebe erfahren von Bewerber/innen in Bezug auf deren Erlebnisse im Bewerbungsprozess oftmals deutliche Kritik. So schreibt eine Bewerberin am an einem großen Museum beispielsweise: „Die Atmosphäre war angespannt, unpersönlich und [das] Lächeln gekünstelt. Im *[Name der Institution]* ist es noch nicht angekommen, dass das Unternehmen sich beim Bewerber bewirbt, nicht anders herum [sic!]" (kununu, 2020a). Eine andere ehemalige Bewerberin schreibt über ihre Erfahrung: „Bitte achten Sie darauf, zum Gespräch eingeladenen Bewerbern nach Ihrer Entscheidung eine Rückmeldung zu geben. Ich hatte mehrere Wochen nach dem Vorstellungsgespräch noch keine Rückmeldung erhalten und auf meine eigene

Nachfrage bekam ich nur eine standardisierte Absage ohne Feedback"
(kununu, 2021b). Dass Bewertungsportale vor allem Menschen anziehen,
die negative Erfahrungen gemacht haben, ist allgemein bekannt. Gleichzeitig liefern wiederholte Kommentare zu bestimmten Aspekten immer auch
die Chance, den eigenen Bewerbungsprozess zu evaluieren und bei Bedarf
zu optimieren.

Ist die Suche nach Informationen über den Betrieb als Arbeitgeber erfolgreich und
der erste Eindruck gut, ist es umso wahrscheinlicher, dass sich Bewerber/innen
im Nachgang des Verfahrens auch tatsächlich für den Kulturbetrieb entscheiden.
Umgekehrt gilt, dass schlechte Erfahrungen im Bewerbungsprozess eine Zusage
vonseiten der Kandidat/innen sehr viel unwahrscheinlicher machen, v. a. wenn
es sich um anspruchsvolle, hochqualifizierte und sehr umworbene Arbeitskräfte
handelt, denen auf dem wettbewerbsintensiven (Fachkräfte-)Arbeitsmarkt hinreichend Alternativen (im Zweifel auch besser bezahlte Positionen außerhalb des
Kulturbereichs) zur Verfügung stehen (Weitzel et al., 2020b).

Was Sie aus diesem *essential* mitnehmen können

- Das Recruiting ist neben der Personalführung eines der wichtigsten personalpolitischen Handlungsfelder: Nur wenn qualifizierte Mitarbeiter/innen in ausreichender Zahl zur Verfügung stehen, können im Kulturbetrieb Leistungen erbracht, Aufgaben erfüllt und Ziele erreicht werden. Dieses *essential* hilft dabei, zu verstehen, wie ein systematisches und strategisches Recruiting in Kulturbetrieben aussehen kann.
- Dem Personal kommt in Kulturbetrieben eine besondere Bedeutung zu: Kulturelle Organisationen, wie z. B. Theater, Orchester, Museen oder Bibliotheken, sind sehr personalintensiv und die Mitarbeitenden sind in der Regel direkt an der Leistungserstellung beteiligt. Das Recruiting ist daher einer der wichtigsten Arbeitsbereiche des Kulturmanagements. Nach der Lektüre dieses *essentials* wird deutlich geworden sein, wie Kulturbetrieben eine erfolgreiche Gestaltung ihrer Recruitingaktivitäten gelingen kann, sodass sie dauerhaft und langfristig mit ausreichend qualifiziertem Personal ausgestattet sind.
- Um die besten Mitarbeiter/innen für sich zu gewinnen, ist es für Kulturbetriebe essenziell, Recruitingprozesse professionell zu gestalten. In diesem *essential* werden die einzelnen Prozessphasen des Recruitings wie auch relevante interne und externe Instrumente kenntnisreich beschrieben und dabei praxisorientiert dargestellt, wie deren Gestaltung effizient und effektiv gelingen kann. Auch werden die Chancen eines Bewerbermanagements diskutiert und mögliche Schritte einer Candidate Journey skizziert.

© Der/die Herausgeber bzw. der/die Autor(en), exklusiv lizenziert durch
Springer Fachmedien Wiesbaden GmbH, ein Teil von Springer Nature 2021
A. Hausmann und O. Braun, *Recruiting in Kulturbetrieben – Leitfaden für die erfolgreiche Personalgewinnung,* essentials,
https://doi.org/10.1007/978-3-658-35419-0

Literatur

Botanischer Garten, & Botanisches Museum Berlin. (2021). Über uns – Beauftragte/Vertretungen – Personalrat – Aufgaben. https://www.bgbm.org/de/personalrat/auf gaben. Zugegriffen: 20. Juni 2021.

Bröckermann, R. (2021). Personalwirtschaft (8. Aufl.). Schaffer Poeschel.

Bundesagentur für Arbeit. (2021). Arbeitskräfte finden. https://www.arbeitsagentur.de/untern ehmen/arbeitskraefte. Zugegriffen: 9. Apr. 2021.

Christ, M., & Fiebig, M. (2018). Hype oder Must-have? Chatbots im Recruiting. Fachbeiträge. Impulse für die Personalarbeit. Ausgabe 52. https://www.hs-mainz.de/fileadmin/Wirtsc haft/Fachgruppen/HRM/Chatbots_im_Recruiting.pdf. Zugegriffen: 26. Mai 2021.

Felser, M. (2014). Vom Anfang bis zum Ende. Einstellung und Kündigung im öffentlichen Dienst. Kulturmanagement Network Magazin Nr. 92. https://www.kulturmanagement.net/dlf/abef4f1e2008ac1b741bed95918995ae,1.pdf. Zugegriffen: 13. Jan. 2021.

Frohne, J., & Reinke, K. (2013). Personalmanagement und Rekrutierungsproesse in Kulturbetrieben. https://www.researchgate.net/publication/281031594_Personalmanagement_und_Rekrutierungsprozesse_von_Kulturbetrieben. Zugegriffen: 13. Jan. 2021.

Frohne, J., Grünter, M., & Weyermanns, M. (2018). Berufseinstieg der Generation Y: Was Kulturinstitutionen wissen sollten. Handbuch Kulturmanagement Ausgabe Dezember 2018, Nr. 63/2018. Berlin.

Goethe Institut. (2019). KSWE19 #04: Bewerbungsgespräch mit einem Recruiting Bot. Der Einsatz künstlicher Intelligenz in Auswahlverfahren. Kultursymposium Weimar 2019 (Podcast). https://open.spotify.com/episode/25zIjlI2ITVX05VQyFzYBr?si=uYEaofqfRaOoVmppiwQy8Q. Zugegriffen: 14. Apr. 2021.

Goethe-Institut. (2021a). Test: Rotation als Lebensmodell – Passt das zu mir? https://www.goethe.de/resources/files/pdf26/Selbsttest_Rotation.pdf. Zugegriffen: 13. Apr. 2021.

Goethe-Institut. (2021b). Mitarbeiterinnen und Mitarbeiter über das Goethe-Institut. https://www.goethe.de/de/uun/kar/arb/mit/imm.html. Zugegriffen: 13. Apr. 2021.

Hausmann, A., & Stegmann, A. (2021). Filling in the museum leadership gap – Theoretical framework and empirical study of museum leader attributes. *International Journal of Arts Management* (zur Veröffentlichung angenommen).

© Der/die Herausgeber bzw. der/die Autor(en), exklusiv lizenziert durch Springer Fachmedien Wiesbaden GmbH, ein Teil von Springer Nature 2021
A. Hausmann und O. Braun, *Recruiting in Kulturbetrieben – Leitfaden für die erfolgreiche Personalgewinnung,* essentials, https://doi.org/10.1007/978-3-658-35419-0

Hausmann, A., Stegmann, A., & Barteldres, S. (2020). Forschungsprojekt: Strategien im „War for Talents" – Wie Kulturbetriebe ihr Personal beschaffen. Ergebnisse einer explorativen Online-Befragung. https://kulturmanagement.ph-ludwigsburg.de/fileadmin/ subsites/2c-kuma-t-01/PDF/Forschung/final_Personalbeschaffung_in_Kulturbetrieben_ Langfassung.pdf. Zugegriffen: 19. Juni 2021.

Hausmann, A. (2020). *Cultural Leadership II. Instrumente der Personalführung in Kulturbetrieben.* Springer VS.

Hausmann, A. (2019). *Cultural Leadership I. Begriff, Einflussfaktoren und Aufgaben der Personalführung in Kulturbetrieben.* Springer VS.

Hausmann, A. (2019b). *Kunst- und Kulturmanagement. Kompaktwissen für Studium und Praxis* (2. Aufl.). Springer VS.

Hausmann, A. (2014). Employer Branding: Zur Relevanz dieses Konzepts für Kulturbetriebe. In Baumgarth, C. (Hrsg.), *Kulturbranding IV. Konzepte, Erkenntnisse und Perspektiven zur Marke im Kulturbereich.* Leipziger Universitätsverlag.

Hausmann, A. (2013). *Erfolgsfaktor Mitarbeiter. Wirksames Personalmanagement für Kulturbetriebe* (2. Aufl.). Springer VS.

Henze, R. (2011). Personalmanagement im Kulturbetrieb. Eine Handreichung für Praktiker. Handbuch Kulturmanagement, E3.8. Berlin. DUZ Verlags- und Medienhaus.

Henze, R. (2013). Wer passt zu mir? Der Prozess der Personalauswahl. In Hausmann, A. (Hrsg.), *Erfolgsfaktor Mitarbeiter. Wirksames Personalmanagement für Kulturbetriebe* (2. Aufl.). Springer VS.

Kanning, U. P. (2017). *Personalmarketing, Employer Branding und Mitarbeiterbindung. Forschungsbefunde und Praxistipps aus der Personalpsychologie.* Springer.

Knabenreich, H. (2021). Karrierewebsites: Was wollen eigentlich die Bewerber? https://sof tgarden.de/blog/karriere-websites-was-wollen-bewerber/. Zugegriffen: 9. Apr. 2021.

KULTURPERSONAL. (2021a). Konditionen. https://www.kulturpersonal.de/ueber-uns/. Zugegriffen: 13. Apr. 2021.

KULTURPERSONAL. (2021b). Über uns: Unsere Arbeitsweise. https://www.kulturpersonal. de/ueber-uns/#arbeitsweise. Zugegriffen: 13. Apr. 2021.

kununu. (2020a). Bewertung „könnte schön sein aber".Bewertungen von (Ex-) Angestellten des Theaters Regenburg. https://www.kununu.com/de/theater-regensburg/kommentare. Zugegriffen: 18. Juni 2021.

kununu. (2020b). Bewertung „Mechanische, unpersönliche Massenabfertigung". Bewertungen von Bewerbern des Jüdischen Museums Berlin. https://www.kununu.com/de/juedis ches-museum-berlin/bewerbung. Zugegriffen: 26. Mai 2021.

kununu. (2021a). Was ist kununu? https://www.kununu.com/at/kununu. Zugegriffen: 26. Mai 2021.

kununu. (2021b). Keine Rückmeldung nach dem Gespräch. Bewertungen von Bewerbern des Deutschen Historischen Museums Berlin. https://www.kununu.com/de/deutsches-histor isches-museum/bewerbung. Zugegriffen: 26. Mai 2021.

Mertens, G. (2019). *Orchestermanagement* (2. Aufl.). Springer VS.

meta HR Blog. (2011). Checkliste zur Gestaltung einer Stellenanzeige. https://blog.metahr.de/ 2011/01/06/checkliste-zur-gestaltung-einer-stellenanzeige/. Zugegriffen: 20. Jan. 2021.

Museum für Naturkunde Berlin. (2021). LinkedIn: Museum für Naturkunde Berlin. https:// www.linkedin.com/company/mfnberlin/jobs/. Zugegriffen: 13. Apr. 2021.

Pütter, C. (2015). So informiert sich GEN Y über Arbeitgeber. https://www.tecchannel.de/a/so-informiert-sich-gen-y-ueber-arbeitgeber,3201325. Zugegriffen: 13. Apr. 2021.

Scherm, E., & Süß, S. (2016). *Personalmanagement* (3. Aufl.). Vahlen.

Scholz, C., & Scholz, T. (2019). *Grundzüge des Personalmanagements* (3. Aufl.). Vahlen.

Schmidt, T. (2020). *Modernes Management im Theater*. Springer VS.

Statista. (2021). Anteil der Nutzer von Social Media Plattformen nach Altersgruppen in Deutschland im Jahr 2020. https://de.statista.com/statistik/daten/studie/543605/umfrage/verteilung-der-nutzer-von-social-media-plattformen-nach-altersgruppen-in-deutschland/. Zugegriffen: 9. Apr. 2021.

staufenbiel Institut. (2021). E-Recruiting: Der digitale Bewerbungsprozess. https://www.staufenbiel.de/magazin/bewerbung/e-recruiting-definition-vorteile-und-nachteile.html. Zugegriffen 9. Apr. 2021.

staufenbiel Institut, & Kienbaum. (2017). RecruitingTrends 2017. Was JHR-Verantwortliche wissen müssen. https://www.staufenbiel.de/fileadmin/fm-dam/PDF/Studien/RecruitingTrends_2017.pdf Zugegriffen: 13. Apr. 2021.

Scheytt, O. (2020). Ein positives, ersten Funken reicht nicht aus. In Zimmermann, O., Geißler, T. (Hrsg.), Dossier Kultur & Politik „Gemeinsam Führen in der Kultur". https://www.kulturrat.de/wp-content/uploads/2020/06/Doppelspitzen.pdf.

Sponheuer, B. (2010). *Employer Branding als Bestandteil einer ganzheitlichen Markenführung*. Gabler.

StepStone. (2021). Die perfekte Stellenanzeige schreiben. https://www.stepstone.de/e-recruiting/die-perfekte-stellenanzeige-schreiben/. Zugegriffen: 20. Jan. 2021.

Stock-Homburg, R., & Groß, M. (2019). *Personalmanagement. Theorien – Konzepte – Instrumente* (4. Aufl.). Springer Gabler.

Theater Krefeld Mönchengladbach. (2021). Pressemitteilung „Christoph Roos wird neuer Schauspieldirektor ab 2022/23". https://theater-kr-mg.de/aktuelles/christoph-roos-wird-neuer-schauspieldirektor/. Zugegriffen: 13. Apr. 2021.

Troger, H. (2018). *Die Führungskraft als Personalmanager. Eine neue Rollenverteilung zwischen Führungskräften und HR-Management*. Springer Gabler.

Universität Bamberg. (2021). Studienreihe „Recruiting Trends". https://www.uni-bamberg.de/isdl/chris/recruiting-trends/. Zugegriffen: 13. Apr. 2021.

Verhoeven, T. (2016). *Candidate Experience. Ansätze für eine positive erlebte Arbeitgebermarke im Bewerbungsprozess und darüber hinaus*. Springer Gabler.

Wagner, C. (2021). Bewerbermanagement – Definition, Ziele & Aufgaben. softgarden HR-Wissen. Glossar. https://softgarden.de/ressourcen/glossar/bewerbermanagement/. Zugegriffen: 20. Jan. 2021.

Wald, P. M., & Athanas, C. (2017). *Candidate Journey Studie 2017. Good Practices: Vom passenden Kandidaten zum loyalen Mitarbeiter*. https://www.metahr.de/downloads/candidate-journey-studie-2017/. Zugegriffen: 12. Jan. 2021.

Waldeck, K. (2018). Arbeitgeberattraktivität im Kulturmanagement. Erwartungen der Generation Y an Kulturarbeitgeber. https://www.kulturmanagement.net/Themen/Arbeitgeberattraktivitaet-im-Kulturmanagement-Erwartungen-der-Generation-Y-an-Kultur-Arbeitgeber2335. Zugegriffen: 13. Jan. 2021.

Weitzel, T., Maier, C., Weinert, C., Pflügner, K., Oelhorn, C., Wirth, J., & Laumer, S. (2020a). Digitalisierung und Zukunft der Arbeit. https://www.uni-bamberg.de/isdl/chris/recruiting-trends/recruiting-trends-2020/. Zugegriffen: 20. Jan. 2021.

Weitzel, T., Maier, C., Weinert, C., Pflügner, K., Oelhorn, C., Wirth, J., & Laumer, S. (2020b). Employer branding. https://www.uni-bamberg.de/isdl/chris/recruiting-trends/recruiting-trends-2020/. Zugegriffen: 20. Jan. 2021.

Weitzel, T., Maier, C., Weinert, C., Pflügner, K., Oelhorn, C., Wirth, J., & Laumer, S. (2020c). Social Recruiting und Active Sourcing. https://www.uni-bamberg.de/isdl/chris/recruiting-trends/recruiting-trends-2020/. Zugegriffen: 20. Jan. 2021.

Printed in the United States
by Baker & Taylor Publisher Services